智爱宝妈团队

为宝贝安全幸福成长爱心护航

★

嘘！告诉你一个秘密

父母和孩子的私密教育悄悄话

智爱宝妈

－ 著 －

辽宁人民出版社

① 还记得，初次为人父母的心情吗？有没有被襁褓中孱弱的新生命感动到哭？

WULI 可爱的宝宝

② 妈妈的精心呵护，让宝贝迈出稳稳的第一步！

③ 爸爸的爱心陪伴，让宝贝的天地更辽阔～

④ 用心设计每一个成长细节，用爱记录生命，给孩子带去惊喜，也感动了我们自己。

⑤ 不经意间，孩子长大了。

⑥ 突然有一天，我们被宝贝各种稀奇古怪的问题搞得不知所措！

bye~
bye~

妈妈，我看见李阿姨和张叔叔在楼下亲嘴！

小孩子别瞎说！！！
我没瞎说！

你还小！不要想这些乱七八糟事！
班长说长大要和学习委员结婚~

⑦

⑧

⑬ 除了表达愤怒、除了自求多福,我们还能做什么?!

| 第六部分 |

预防性侵害：保护孩子，远离伤害

| 第七部分 |

家庭私密教育成果自测表

第一部分

写在私密教育开始之前的话

爸爸妈妈，
你们的私密教育合格吗？

当你打开这本书的时候，一定充满好奇：这是一本什么书？究竟写了什么？

在你阅读这本书之前，请认真回忆一下，你有没有问过父母这个问题：我是从哪里来的？是什么时候问的？因为什么问这个问题？

相信你一定问过！而且你已不记得具体时间，也许就是"小时候"吧；也不记得是什么原因才问。但你清清楚楚地记得，大人给出的各种奇葩回答，曾经困扰你很久。甚至严重到想离家出走，心下肯定藏着一句："反正他们跟我没关系！"

这就是我们要聊的话题——私密教育。那些曾经困扰我们的问题，好像千年老妖一般，对着含蓄又内敛的我们，毫无同情心地坏笑着：

少不更事的孩子，从最最信任、最最亲密的父母口中得知，原来自己是从垃圾堆捡来的、从石头缝里蹦出来的、从胳肢窝里挤出来的，还有充电话费送的！

又或者，撞上不靠谱的生物老师，明知小伙伴们好奇不已，早

就提前将书本翻烂，却在课堂上讲授发育的章节时，匆匆跳过。

所有这些大人的做法，顶多让我们在成年后回想起来一笑了之，认为那不过是成长过程中的善意谎言。然而，我们还能否记起，那时还小的我们，当时的心情有多崩溃、多无助啊！

大人越是遮遮掩掩，孩子越感觉神秘，Ta们越发好奇。有些父母满心希望孩子能尽快忘掉"这事儿"，殊不知，已经被勾起好奇心的孩子们，会暗地里想方设法从各种渠道搜罗信息。可惜的是，多是些奇谈怪论。比如，亲吻就会怀孕，结婚就能生小孩，等等。这些"假消息"让很多人成年后，依然闹出天大的笑话，这些在新闻上并不鲜见。

不知所以然，就难以防患于未然。更有甚者，有的孩子没有自我意识，不懂得如何自我保护，被侵害了也不知如何求助；小恋人们依据错误的信息，心花怒放，横闯禁区……孩子们受伤害的事情比比皆是。

所以，仅从保护孩子这层意义来说，父母就应该系统学习私密教育知识，最大限度给予孩子需要的关怀和引导。更何况，私密教育与人性密切相关，对它的认识既关系到对自我的认知，也关系到人如何确立与世界的联系。

"我是从哪里来的？"如何回答这个问题，涉及我们对生命的态度。我们将孩子带到这个世界，带来的究竟是温暖、光明、爱和责任，还是压力、痛苦、焦虑和恐惧，完全取决于我们是以什么样的心境看待这个小生命！

如果我们认为，生命是神圣的、美好的，我们就会把孩子的出生看成是神圣的、爱的仪式下的产物。每当我们给孩子讲生命起源的时候，也会将这种神圣和伟大带给孩子；如果我们认为，生命是随意的、渺小的，我们就会有意无意地让孩子产生恐惧和焦虑，甚至陷入严重的自我怀疑。

当然，回答私密问题，需要我们充分考虑孩子的年龄和生理，以及心理的成熟度。因为他们会在"小时候"的任何时期提出这类问题。提问频率之高，探究劲头之足，还一脸的认真相！

那么问题来了！看着孩子那双清澈的大眼睛，宝爸宝妈们，你们到底要如何回答呢？

Duang Duang Duang!

终于隆重登场了！

我们就是要手把手教爸爸妈妈们，如何和孩子说这些"悄悄话"！

我们关注孩子的每个时期、搜集让家长觉得尴尬的话题、还原亲子养育中的真实现场，并且把私密教育的真经，逐字逐句地传授给你们。让爸爸妈妈们知道，原来儿童私密教育可以如此轻松！

好了，请爸爸妈妈调整姿态，我们的揭秘之旅马上开始。

做好孩子的私密教育，
需要提前做好哪些准备？

　　5岁的小姑娘萌萌，有一个红色的布娃娃。她每天抱着布娃娃睡觉，带她洗澡，给她唱歌，一起玩耍。有一天，萌萌的表弟来玩，临走要求把布娃娃带走。萌萌妈妈认为"表弟是客人，他比你小"，把布娃娃送给了表弟。萌萌非常不情愿，大哭起来。表弟一家走了以后，萌萌妈妈严厉地批评了她，说她不懂事，还自私。

　　类似的事情一再发生。有一天，隔壁叔叔来借伞。趁爸爸妈妈不在家，叔叔对萌萌做了一些不该做的事。还对孩子说："不要告诉爸爸妈妈，如果你说了，叔叔会很难过。你不能做个自私的孩子啊！"于是，萌萌就把这件事默默地藏在心里。因为她不能做一个自私的孩子啊！

　　"布娃娃"和"叔叔借伞"有什么联系吗？当然有，有很大的关系！

　　妈妈自作主张，将布娃娃送给表弟的那一刻，她忽略了一个问题——这个娃娃是萌萌的！妈妈应该先征得孩子的同意，如果孩子不同意，妈妈就没有权利对孩子的物品进行处理。

这就是我们首先要了解的孩子的"界限感"。如果在孩子小的时候，没有教会Ta们界限感，孩子对自己的认识就是模糊的、混淆的，孩子不知道自己的物权和人权是不可以侵犯的。

如果父母首先成为侵犯孩子物权和人权的人，那么，孩子在最亲近的人面前没有得到尊重和满足，Ta们自然不知道被尊重和被满足是什么样的愉悦体验，更不知道Ta们不应该被侵犯。所以，在遇到被侵害的时候，完全不知道如何应对。

类似的事情在生活中频繁发生。家长总认为孩子小，谈不上什么权利，这就直接导致孩子对自己没有太多的认知。

实际上，孩子从认识爸爸妈妈开始，Ta们的界限意识就已经萌发了。然而，家长没有同步意识到，物权和人权意识的建立与防止性侵紧密相关！

那么，我们要怎样培养孩子的界限感呢？

首先，**从小做起，孩子要有自己的专属物品**。

孩子的物品尽量与别人的物品不混用，这个"别人"，包括父母在内。尤其孩子的玩具，更是属于Ta的私人物品，父母绝对不能随意处置。

专属物品包括牙刷、水杯、餐具，乃至自己的专属空间，等等。从小要让孩子养成习惯，通常情况下，自己喝水和漱口的水杯，只能自己用，别人不要用；吃饭，要有专属于自己的勺子和碗；在外面玩儿，只喝自己的饮料，不要跟别人一起用吸管喝；别人使用的东西不要用，别人吃过的东西不要吃。

在家里，父母要给孩子留出摆放个人物品的空间。特别提示家长注意的是，让孩子尽早意识到，自己的房间如果没有经过允许，包括父母在内的任何人都不能进。如果孩子在房间内，父母进去要敲门。父母要给孩子做好榜样，也是让孩子学会尊重他人。

如果孩子从小形成清晰的界限意识和个人权益意识，就会对越界行为十分敏感。有了警惕意识，自然而然懂得"防止被侵害"。但是，现实生活中，即便生活在当下已经不是物质匮乏的年代，我们的家长还是习惯于"共享"的思想。不但无法容忍孩子从小表现出的一些本能的物权和领地意识，甚至还会对孩子进行道德谴责，甚至把"不乐于分享"定性为"自私的表现"。

这就是我们要强调的另一个要点——不要用道德绑架孩子！

我们一次又一次让孩子产生羞愧感，让孩子感到自己在道德上"有缺陷"，这样，只会反反复复让孩子对自己的价值感到怀疑，从而变得顺从和被动。

在前面的故事里，5岁的萌萌因为年幼，心理上无法承受"分享"，却遭到妈妈的严厉批评——"你这样很自私"，甚至被妈妈"强行分享"。这样的事情一再发生，就起到反复强调的作用。萌萌为了不受到"自私"的道德谴责，她一次次强迫自己分享一些超出自我承受范围的东西，不但渐渐成了行为习惯，更是对"自己"和"别人"东西的归属非常模糊。最终，导致她产生了"只要不满足别人的要求就是自私的"这样的错误观点！无法说不，不会拒绝，只能屈服在别人的要求和需要中，即使受到侵害，也不敢声张。

除了自私，父母也不要经常地、刻意地让孩子感到羞愧，否则孩子被侵害之后，会因为"羞愧感"，而不愿意告诉父母或者求助亲友。

因此，**尊重孩子，尊重 Ta 们的物权意识和人权意识，不用道德绑架孩子，对于孩子的成长至关重要！** 当然，培养孩子的物权意识和人权意识，并不是让家长变得神经质般地敏感，甚至对爱抚和亲吻孩子脸蛋儿的行为都要站出来表示反对。要知道，来自熟悉的养育者和亲人的温柔对待及爱护，可以让宝贝从小体会满满的爱，可以大大提升孩子内心的安全感。

最后，特别想问问爸爸妈妈们，你们觉得，在"要不要分享"这个问题上，究竟是孩子的界限感培养重要，还是家长的面子重要？相信大家的心里已有了明确的答案。

儿童私密教育，
需要家长打通哪些关？

前面讲过，对儿童进行私密教育的前提，是要培养孩子的界限感和物权意识，以及不能用道德绑架孩子。但是，恰恰就是这一点，家长很难做到。

一提起"私密教育"，很多父母在脑海中会浮现"性"这个字。而"性"这个话题在所有的语境中恰恰又是讳莫如深的，甚至扭曲它本来的意义。比如，在我们的集体意识中，凡是跟"性"有关的事情，都被打上低俗、肮脏的烙印。甚至，我们要表达对一个人的极端厌恶，最恶毒的"问候语"也与"性"有关。

如果父母不能破除这些偏执的观念，就无法对孩子进行正确的私密教育。2017年4月，美女作家林奕含因少年时被性侵，患抑郁症上吊自杀。在她的自传体小说《房思琪的初恋乐园》中，有这样一段：

"刚刚在饭桌上，思琪用面包涂奶油的口气对妈妈说：'我们的家教好像什么都有，就是没有性教育。'妈妈诧异地看着她，回答：'什么性教育？性教育是给那些需要性的人。所谓教育不就是这样吗？'她还告诉女儿'你要做个有自尊心的人'，意思就是'自尊心应该缝起她的嘴'，一个如此精致的小孩是不会说出去的，因为这太脏了。思琪一时间明白了，在这个故事中父母将永远缺席，他们旷课了，却自以为是还没开学。"

　　私密教育是人格教育，是爱的教育，更是生命的教育。如果父母在这节课上，因为自己的观念偏颇而缺席，结果是非常令人遗憾的。

　　如果我们深刻反思，父母的这种观念来自哪里，很容易会发现：就来自自己父母的养育方式和社会环境的认同。因此，儿童的私密教育需要父母有极大的勇气，不仅要破除对于私密教育的偏见，还要能够觉察周围环境的不良暗示和影响。

　　比如，有些长辈拿小孩子的生殖器开玩笑，不觉得这种行为不适当，父母在面对这种境况的时候，该如何应对？

　　还有，传统文化中，对女性"守贞"和"失身"污名化的陋习，也大大影响着私密教育的推广，直接导致很多被侵害儿童及家庭保持沉默。

　　思维一变，天地宽！所以，家长在思想上打通关，是做好儿童私密教育的关键之关键！

第二部分

四步打造
家庭私密教育大纲

儿童家庭私密教育，
谁来唱主角？

　　可以肯定地说，父母就是儿童私密教育的不二人选。

　　首先，让我们回忆一下，是否还记得第一次产检，听到"胎心"时的心情呢？是否被这个宣告来临的新生命所打动并且震撼呢？尤其是妈妈们，从听到宝宝的第一次心跳，就跟这个小家伙开始了互动、交流。成为彼此身体的一部分的你们，共同经历各种幸福和担忧，一起走过这个生命孕育的奇妙旅程，是不是想一想就觉得激动呢？

　　不管你是妈妈还是爸爸，在接下来的几个月里，你和伴侣以及家人是否满怀期待，在兴奋而又略带不安中，时刻准备着迎接这个新生命的到来？你在兴奋之余会不会更多的是紧张和担心？不管怎样，从孩子落地的那一刻起，你的身份和使命便从此不同。这个新的生命将与你连接，密不可分。这个世界从此就多了一个关于你，或许是你的家族的生命传承。

　　孩子刚出生的时候，完全不知道自己是谁。他对于自己的认识，是借由养育人的反应形成的！这个世界安全吗？别人可以信任吗？我有价值吗？这些问题在生命的早期就有了答案，这些答案就像烙

对于世界来说，你是一个人；

对于孩子来说，你就是整个世界。

世界，你好！

印一样，深深地留在我们的潜意识里。我们与别人、与世界互动的方式，很大程度上是在这个潜意识的指挥下完成的。而这个看不见的潜意识的发展，在生命的早期，完全依赖与父母的互动关系。所以，父母是否尊重这个生命，是否给予足够的爱与接纳，是孩子能否接受自己、与世界建立联系的重要条件！

1961年，美国的两个儿童心理学家——沃克和吉布森，做了一个著名的"视觉悬崖实验"：把几个刚刚会爬的婴儿放在一大块玻璃上面，对面站着他们的妈妈。这块玻璃下面用不同的棋盘图案构造，其中有一部分图案，从玻璃上方看下去很像悬崖。婴儿们爬到这里，毫无例外全部停下来，并向对面的妈妈张望。当妈妈们对着孩子发出鼓励、期盼的微笑的时候，孩子们全部勇敢地爬过了这段距离。

这个实验有力地验证了，养育者传达给孩子的鼓励会赋予孩子爱的力量。有这样一句话：对于世界来说，你是一个人；对于某个人来说，你就是整个世界。这里的"某个人"，就是生命早期的孩子。

当下的家庭环境，物质方面已经基本达到供大于求，孩子们需要的是精神的理解和深深的被懂得。作为父母的我们，就要学会关注孩子的心理健康，从接纳孩子开始，从一点一滴做起，给予孩子成长过程中需要的爱和关怀。

也许有人会问，可不可以等到孩子识字了，给他买几本书自己学习？或者，等孩子学校开设"生理卫生"课，由老师教授私密教育的内容？

绘本或者阅读材料固然可以给孩子提供所需要的知识，却无法提供父母与孩子之间的亲密；学校老师教给孩子的，只是教科书里面规定的内容，况且在开课之前，孩子早已生发出了解私密的需求和探索的好奇心。更重要的是，在孩子产生这种好奇和萌芽的状态时，父母能否发觉并及时满足他们的需求，这是比私密教育内容更重要的东西。

如果父母寄希望于孩子长大之后自己学，或者希望由其他人来教育孩子，这种想法和行为，也会在无形中给孩子传达这样的信息——

"你是不值得信任的"！

或者"这种事情是不被父母接纳的"！

如果孩子接收这样的暗示，可能会导致孩子一生都要寻找被看见、被接纳的感觉。这种感觉非常不妙。如果父母在这个时候缺席，等待他们的，会是以后不断出现的问题和麻烦。你愿意现在就开始关注孩子的内心世界，还是等到以后再来补课？我猜答案一定是"现在"。

儿童家庭私密教育，
说点啥？

再回到那个千年老妖的问题："我是从哪里来的？"

再次看到这个问题，有没有想好如何回答？仔细琢磨一下，这个问题是不是更像严肃的"哲学三大问题"之一？

正确的解答方式是：根据提问的对象，给出合适的答案。

能问出这个问题的孩子，基本已经会玩"过家家"啦。这个时候，家长只需很直接地告诉 Ta "你是妈妈生出来的"，就可以了。有的孩子会很严肃地说："我以后也要生一个跟我一模一样的宝宝哦。"如果孩子真的这么说，爸爸妈妈一定要鼓励 Ta 们，因为孩子开始学会自我认同了！

当爸爸妈妈给出答案以后，会发现，这个年龄段的孩子，一般不会继续追问那些让我们脸红心跳的细节。同时家长也会发现，原来这个问题，只是虚惊一场，是父母自己想多了！儿童早期的问题，大多数只是 Ta 们对观察到的现象的疑惑或者好奇，只需要给予 Ta 们能够理解的答案就可以了。至于为什么是那样，他们还不会思考呢！

"爸爸，我是从哪里来的？"

——这么高深的问题，难道我生了个哲学家？

随着孩子渐渐长大，问题会逐渐增多，父母也要随机开启"十万个为什么"的解答模式了。注意，**解答的态度和内容一样重要！** 正如前面提到的，父母必须端正对私密教育的态度，给孩子传递的不仅仅是常识，更是渗透了无尽的爱与支持。

3 岁左右的孩子，开始对性别产生兴趣，能明确地回答自己是男孩还是女孩。从这个时期开始到一年级左右，Ta 们对自己和异性的身体很着迷。如果发现孩子要求跟父母一起洗澡，请不要吃惊，因为 Ta 们正在研究你和 Ta 们在身体上的异同呢。幼儿园里的孩子，经常会有这样的对话：

"小强的小鸡鸡很小哦！"

"米米是女孩，所以她没有小鸡鸡哦！"

有些女孩还会因为这个问题和男孩发生争执，"谁说我没有小鸡鸡？"甚至会脱裤子找一找。幼儿园老师对此司空见惯，如果她们受过儿童心理学的系统训练，就能正确看待并且做出适当的反应。

通常是父母无法忍受这样的对话，一旦发现这种现象，便如临大敌，反复叮嘱，必须改正。所以，为人父母更要明白，这是孩子进入私密教育的性别识别期，只需要加以正确引导而已，呵斥或者强化都是错误的反应。

五六岁的孩子会对成人之间的亲密行为产生兴趣，比如看电视的时候，盯着亲密镜头看得津津有味；突然有一天会要求跟父母一起睡，等等。容易出现的情况是，这个时期的孩子会出现恋父或者恋母情结。比如，当父母坐在沙发上看电视的时候，孩子会蛮不讲理地要求坐到父母中间；儿子会对妈妈有强烈的占有欲，会宣布要跟妈妈结婚，把爸爸当成竞争对手；女儿会对爸爸产生强烈的兴趣，突然退回到婴儿时期，要求爸爸抱抱又亲亲。这个时候的孩子，会像哨兵一样盯着父母，不放过父母任何一个单独相处的机会进行捣乱。可能发生的情况会是这样的：你和伴侣正在亲热，"小哨兵"在外面敲门："你俩在干啥？"

这些状况，都是孩子在告诉爸爸妈妈，我长大啦，我也希望像大人一样，拥有自己的另外一半。且慢，这可是不能继续深入发展的哦。遇到以上任何一种情况，请爸爸妈妈不要惊慌失措，以下的步骤可以为你们排忧解难：

第一步，明确告诉孩子爸爸妈妈之间的关系。

如果儿子宣布"我要跟妈妈结婚"，不管是爸爸还是妈妈，都要清楚明确地告诉孩子"我已经和爸爸结婚了，不能和你结婚啦"。如果父母只是粗暴地喝止"你胡说"，这会让孩子觉得很受伤。

孩子宣布要和父亲或者母亲结婚，只是表达 Ta 们对父母的一种基于性别的爱，是天然和淳朴的，如果被父母批评和拒绝，会给孩子传达错误讯息——爱父母是一件不好的事情，结婚是一件会让父母生气的事情。

第二步，正确引导孩子。

妈妈除了回答"我已经有伴侣了，不能和你结婚"之外，还应该说："你将来会找到和你年龄差不多的，你爱她、她也爱你的人结婚的。"

这样的回答，一是清晰了父母与孩子的界限，二是为孩子指明了发展的方向——"年龄差不多""你爱她、她也爱你"。告诉孩子婚姻的基础是年龄相仿、爱和尊重。同时，也是在潜意识里让孩子知道"已经结婚的人，不可以再跟别人结婚"。

第三步，接纳孩子的情绪。

当家长拒绝了孩子的过分要求，孩子会表现出失落或者抵触情绪的时候，父母要表现出"我理解你此刻的感受"的状态，亲亲抱抱或举高高都是可以的，也允许孩子自己去体验这种负面的情绪。很多时候，我们总以为负面情绪是不好的，去拒绝甚至排斥它，却忽略了它们只是我们情感的一种，孩子也需要有体验和接纳自己负面情绪的能力。

上了小学的孩子，会读书识字了，如果跟父母的关系非常好，他们会问出一些更让人吃惊的问题。这个时候就考验父母处变不惊的能力了！关于这部分内容，本书后面章节会有更加详尽的解答。在这里，更重要的是强调父母自身对待这个问题的态度：

当我们看着孩子天真无邪的眼神，听他问出一些令人意想不到的问题的时候，我们是不是也可以带着孩子般的好奇心，去探索这些问题的答案呢？

我们是不是也可以带着爱和期待，给予孩子有趣、轻松、支持的情感体验呢？

任何时候，当孩子跟我们提及私密话题的时候，都是对孩子进行私密教育的黄金时间，也是父母给孩子输入爱和尊重这些价值观的良机。

对孩子进行私密教育，家长除了会聊以上这些"悄悄话"，还要尽早教会孩子如何识别侵害，学会保护自己。这个世界好人占绝大多数，但也不排除有些坏人躲在黑暗中伺机而动。在多起儿童被侵害事件发生后，网络上曾流传这样一句话："你嫌孩子私密教育太早，坏人却不嫌孩子小！"

在孩子的世界里，一切都是美好的，我们不必用负面新闻或者发生在身边的案例去吓唬孩子，这样会让 Ta 们的安全感受到影响。但是，我们有必要教会孩子警惕不正常的状况。当然，如果我们在教养孩子的过程中，一直注重界限感和尊重的教育，孩子自身对于周边的情境就会非常敏感。我们可以在和孩子讲故事、看电视的时候，适当引入话题，跟孩子一起讨论。比如，可能发生的一些危险情况有哪些，让孩子自己想一想，能够保护自己的行为是什么。这部分内容本书会有详尽的指导，爸爸妈妈只管照着做就好啦。

还有一点需要提示：任何时候，都选择信任、支持自己的孩子。当孩子出现了异常，或者表现出跟以往不同的行为或者情绪的时候，要无条件地信任和支持孩子！这样的支持和信任，应该贯穿在日常亲子互动和教育里面。只有父母和孩子的关系亲密无间，孩子才会对父母敞开心扉，即使出现问题，也可以快速补救。为人父母，我们应当明白：孩子的快乐比家长的面子要重要！面对一些错误，支持比责难更有效。

谁是我的
私密教育同盟？

朵朵跟爸爸妈妈、爷爷奶奶一起生活。爸爸妈妈工作忙，平时朵朵就由奶奶带。奶奶按照老习惯，给朵朵穿开裆裤。妈妈说，奶奶这样做是不尊重孩子的隐私。奶奶很生气，自己带大了这么多孩子，怎么就不尊重孩子隐私了？甚至扬言要回老家。妈妈很郁闷。

其实，妈妈情急之下忽略了一点。因为，奶奶才是朵朵最主要的看护人，妈妈应该想办法和奶奶达成同盟，而不是和奶奶成为敌人。

妈妈的正确做法是：首先要跟爸爸达成一致，接着，两人一起和奶奶聊聊，和颜悦色地跟奶奶说清楚给宝宝穿开裆裤存在不卫生的隐患，以及妈妈的担心。争取得到老人的理解和支持，而不是急着给奶奶贴上"不尊重孩子隐私"的标签。

两代人因为受教育程度的不同、生活环境和生活习惯的差异，在教育孩子的问题上一定会产生一些分歧。如果能够让大家看到，大方向是一致的，在交流沟通的时候，把重点放在"如何能够让孩子更加健康地成长"上，而不是相互指责对方观点的不同，就很容易达成共识，建立合作关系。

"不要给孩子穿开裆裤，请尊重孩子的隐私！"

"什么是隐私？和开裆裤有什么关系？"

五年级的北北给女同学写"情书"，被同学告发，结果老师请北北的妈妈来学校。妈妈看着北北耷拉着脑袋，不知所措地站在老师面前。老师把事情的原委跟妈妈描述了一遍，妈妈应该如何应对呢？

　　其实，五年级的孩子写"情书"，充其量不过是表达对异性的好感，谈不上真正的男女之情，完全不必大动干戈。老师让孩子站在办公室，并且让妈妈到学校来，已经让孩子产生羞愧之心。学过心理学的妈妈，知道孩子在学校遭受了挫折后，面对家长的时候心理是极度脆弱的。回家后，妈妈便和颜悦色地开始跟孩子交流。

　　妈妈首先表扬了儿子的勇气："北北，妈妈觉得你敢于向喜欢的女孩表白，很有勇气哦。"

　　北北虽然没有说话，但是立刻感受到来自妈妈的支持。

　　妈妈又温和地问："你喜欢这个女孩什么呀？是她成绩好、人缘好、长得漂亮，还是因为别的什么？"

　　北北鼓起勇气说："大家都很喜欢她，所以我也喜欢她。"

　　妈妈问："那她喜欢你吗？"

　　北北回答："我不知道啊，所以给她写了信。"

　　妈妈说："原来是这样啊。那你想过没有，她收到信会怎样。"

　　北北说："我不知道啊。"

　　妈妈继续引导："如果她喜欢你的话，你不用给她写信，她也喜欢你；如果她不喜欢你的话，你给她写信，她也不喜欢你。对不对？"

　　北北不说话。

　　妈妈接着问："那你觉得，你身上有什么优点会让大家喜欢你呢？"

　　北北想了想，列出几个优点。妈妈又帮他补充几点。然后妈妈引导北北认识到，如果喜欢一个人，就要让自己变得更加美好，大家一起进步才好。还有，时机未到的表白会让人比较尴尬，等等。

最重要的是，妈妈争取机会跟老师深入地谈了一次，老师也意识到自己处理的方式有些冒失，找北北聊天，告诉北北老师的担心和焦虑，大家都很开心。

其实，生活处处是教育。凡是跟孩子有接触的人，都无时无刻不在影响着孩子。如何对孩子有正向的引导，父母的态度和方法是关键。爸爸妈妈如果能在日常生活中时刻注意孩子的环境，跟周围的人建立同盟，对于孩子来说，可以形成一个最理想的教育氛围。

对于孩子的私密教育来说，所有的成人，尤其是孩子接触最频繁的人，都可以成为引导的对象。学校老师也可以成为我们对孩子进行私密教育的好伙伴。有些我们自己没有发现的孩子的异常行为，可能会被老师观察到。经常跟孩子的老师聊聊，可以建立更加信任的关系，也能更好地为孩子提供安全的环境，鼓励孩子进行表达和交流。

最理想的状态是，在孩子的教育尤其是私密教育这件事情上，能够首先和自己的伴侣达成一致。同时，理解身边所有的人，包括爷爷奶奶、亲戚朋友等。在理解 Ta 们自身的观点和包容 Ta 们的局限的同时，争取最大限度的支持。

父母平时总是平等地跟孩子说话；和善而坚定地执行跟孩子的约定，也会无形中告诉周围的人，这是我们的教育方式，我们需要得到尊重和支持。

当然，一个健康的家庭里，夫妻观点不同也很正常。在关于孩子教育的问题上，可以进行多方面的探讨，而不必非要听某一种观点，或者因为某一方比较强势，而被迫接受或者顺从。孩子是最好的观察者，如果 Ta 们看到父母在大部分问题上坦诚相待，无话不谈，解决方法民主而公平，能够在尊重彼此的基础上达成共识，Ta 们就会有足够的安全感，从而顺利地度过各个生理时期。

　　其次，如果身边的人实在无法理解或者支持，而陷入了私密教育的孤独状态，爸爸妈妈也可以在网络上寻找同频的社群互相支持。大家会因为共同的目标而相互鼓励，一同前行。

根据孩子的生理和心理变化，
针对性地开展私密教育

　　家长对孩子的私密教育要讲究技巧，切记，不能给孩子讲太多、太深。要顺应孩子的生理和心理变化，选择合适的时机，用恰当的语言和巧妙的方法，做适当引导。只有这样，孩子才能对私密问题有正向、健康的认识。

　　针对孩子所处的不同年龄段，私密教育"悄悄话"究竟怎么聊？下面先介绍几个小技巧：

★ 生命中最重要的前三年

　　我们最先面对的是0—3岁的宝宝。很多家长觉得，这么小的孩子有什么私密话题！当然有，只是你们不了解而已。

　　大多数1岁前的孩子存在吃手、吸嘴唇、吐口水的情况，家长要知道，这个年龄段的孩子，正是通过这样的方式达到自我满足。随着孩子年龄的增长，有的孩子还会说"小弟弟有小鸡鸡，为什么我没有""哥哥为什么站着尿""小妹妹喜欢玩毛绒玩具，我喜欢玩枪和车""为什么男孩的头发短，女孩的头发长"等。

　　家长应对方式　请记住，父母对孩子提出的任何问题以及表现的行为，不要批评、不要指责，而是用温和而坚定的态度，用正确的方式进行引导。

　　比如，孩子吃手，家长可以给孩子洗干净手或给孩子安抚奶嘴，达到满足孩子的目的；当孩子向家长提问时，家长首先要说"很好，宝贝肯定进行了思考"，来肯定孩子提问的行为。然后，家长要很自然、大方地回答孩子的问题。在这里，提示家长回答问题的尺度是：孩子问什么，就回答什么，不要给孩子过多的解释。

★ 3—6岁的幼儿园阶段

　　这个阶段的孩子对身体特别好奇，包括自己的身体和爸爸妈妈的身体。有的孩子喜欢摸自己的生殖器，还有的孩子憋大便、憋尿。家长对此不要大惊小怪，因为孩子只是认为这样做很有意思。

　　这个阶段的孩子，女孩有的要求和爸爸一起洗澡，男孩有的要求和妈妈一起洗澡；有的孩子喜欢玩"过家家"的游戏；还有的孩子在幼儿园想看异性小朋友尿尿，Ta们还会问很多离奇的问题。比如"一只小狗为什么趴在另一只小狗身上呢？""为什么女孩要蹲着尿尿，男孩要站着尿？""为什么小男孩的鸡鸡是长的，我的是扁扁的呢？"当孩子提出这些让你"难为情"的问题时，家长该如何回应呢？

　　家长应对方式　家长可以通过游戏、讲故事或读绘本的方式，

0－1岁

1－3岁

3－10岁

带着孩子认识我们的身体。

比如，让孩子闭着眼睛摸洋娃娃的身体，"猜猜这是哪？"并且引导孩子说说每个部位有什么用途；家长还可以和孩子一起读绘本，既培养亲子感情，又让孩子通过图片直观地了解身体结构；家长也可以通过亲子共浴的方式，给孩子讲解自己的身体。例如，爸爸妈妈可以指着孩子的身体部位告诉孩子，"这是阴茎，用来尿尿的，不可以给别人摸，也不能摸别人的"。

另外，这个阶段的家长要教会孩子保护自己的身体，告诉孩子不要让别人摸内衣遮盖的地方，也不能摸别人内衣遮盖的地方，这叫互相尊重对方的隐私。包括一些不适当的身体接触。告诉 Ta 们，凡是让孩子觉得不舒服的接触方式，都要如实告知家长，不要为坏人保守秘密。比如，家长可以用角色扮演的方式，由家长扮演坏人，看看孩子的反应，家长再做适当的引导，孩子学起来就更快了。

父母要引导孩子自我认知性别角色，知道自己是男生还是女生。初步了解男女的区别，树立自我保护意识。父母可以引导孩子学会尊重对方的身体，学会清洁自己的身体，并养成良好的行为习惯。

除此以外，要提醒家长注意的是，从这个时候开始，孩子们就开启了对生命起源不停的追问，很多问题会扑面而来。比如"我是从哪里来的""我是怎么进入妈妈肚子里的""妈妈是怎么把我生出来的"。尤其现在二胎家庭增多，孩子会看到妈妈的身体变化，Ta 们会更加好奇。而且，这些问题会伴随这些单纯可爱得如同天使般的孩子很长一段时间！由于回答这个问题有一定"难度系数"，大家别急，我们会在后面专题讲述。如果你当下正面临这个"宇宙难题",也可以直接翻到 77 页!

★ 6—12 岁的小学阶段

这个阶段的孩子，生理和心理方面比幼儿园时期成熟一些，家长要细心观察，学会区分情况、区别对待。

1. 当孩子聊起与"恋爱"相关的事儿

有些孩子经常和家长说起班级的大事小情，包括同学之间的关系话题。比如"我们班某某男生和某某女生关系好""我们班某某男生说要和我结婚"，甚至有的高年级孩子会直接告诉家长"我们班某某和某某谈恋爱了"。当家长听到孩子宣布要"结婚"时，请一定先收起心中的不安，来个深呼吸，再慢慢和孩子从头说起。如果家长听后就暴跳如雷，孩子会觉得家长的反应好玩，或是自己的这件事引起了家长的关注。于是，就会继续用这样的方式和父母对着干，特别是进入青春期的孩子，叛逆心理特别重，父母越不让做什么，孩子越想做什么，总之，就是要和父母对着干。

家长应对方式 首先，家长不能立刻喝止孩子"不要谈""不能谈""不要问"，更不必大惊小怪。我们要先学会倾听，并且表示有兴趣参与孩子的话题。家长的表现一定要大方、得体。

同时，家长要用正确的方法和孩子聊聊关于恋爱的话题。比如，"谢谢你告诉妈妈这些事，同学之间互相有好感，是一件多么美好的事儿啊！爸爸妈妈像你这么大时，班级里也有某某同学对某某同学有好感。Ta 们一定是看到对方优秀的一面，你觉得呢？"

家长还可以问孩子"Ta为什么会对你有好感？""你对同学谈恋爱有什么看法？"等问题，来正向引导孩子对"好感"的认识，淡化孩子对"谈恋爱"的神秘感。

2. 孩子突然变得内向

有些父母会发现，孩子放学回家后，不再像以前那样嘻嘻哈哈、闹闹腾腾，而是变得内向，不爱讲话，甚至把自己锁进房间，不和父母交流。如果父母没有敲门直接进入房间，孩子会发火，觉得父母不尊重Ta们的隐私。

家长应对方式 遇到这种情况时，家长要试着理解孩子的内心，找到原因，而不是随意批评孩子或漠不关心。更不要强行推开孩子的房门，而是应先敲门并征得孩子的同意，再进入孩子的房间。家长可以和孩子谈谈："是不是最近发生了什么不愉快的事情，妈妈有什么能帮上你的吗？"并且告诉Ta"不管发生了什么事情，你都要记住：爸爸妈妈是最爱你的，我们永远都是你的坚强后盾"。

当父母理解孩子，并和孩子一起想办法解决问题时，孩子才会和爸爸妈妈分享Ta的小秘密。当我们得知孩子的"小秘密"时，先不要急着表现出惊讶的样子，而是用平静且真诚的态度回应孩子"噢，谢谢你告诉妈妈这些事""嗯，我知道了""好的，我理解了"，然后家长再趁机启发孩子，"如果你遇到这样的情况，你该如何处理？你有什么好办法吗？"

3. 孩子情绪波动较大

如果家长发现孩子的情绪波动较大，因为一点小事就乱发脾气；在学校和同学发生矛盾，回到家就大哭一场，甚至有摔东西、摔门等暴力动作；在家稍有不顺，就对家人发火，有时也会生闷气；还有的孩子因为额头长了几颗痘，导致心情不好等状况。家长要及时关注孩子的这些情绪波动。

家长应对方式 这时候，需要家长多关心孩子的内心感受，并**对孩子表现出来的情绪及时表示认同和理解**。和孩子交流的时候，语气要平缓，充满关爱。比如，"妈妈看得出来，你现在真的很生气。是因为在学校同桌弄坏了你最喜欢的文具盒，也不给你道歉。你是希望同桌弄坏你的东西时，能主动、及时地对你说'对不起'，对不对？"

当孩子心情稍有好转时，再**引导孩子学会一些处理情绪的小方法**，妈妈可以适时地给出几个简单易行的小妙招。比如，"你是想到操场上跑几圈发泄自己的情绪呢，还是对着天空大喊几声？都由你来做主。"

另外，到了小学高年级，很多孩子开始有了身体发育的迹象。同学之间免不了聊起这些"隐秘"话题。当女孩到了一定的年龄，临近初潮时，妈妈要提前找机会，和女儿多讲讲生理卫生常识，以缓解孩子担心害怕的情绪；当男孩遗精时，爸爸要给孩子讲讲相关的生理常识，不要让孩子觉得无所适从，甚至产生羞愧感。这也是父母在孩子的成长阶段，能够给予的高质量陪伴中的重要环节。

总之，父母是孩子性教育的启蒙者，也是孩子最重要的私密教育老师。家长要以自然、诚恳、充满关爱的态度和语气，引导孩子逐渐形成正确的私密观念。让孩子的人生更从容、更健康，就从父母学会和孩子聊聊这些私密教育的"悄悄话"开始吧！

第三部分

0—3岁，
私密教育黄金期

抓住人生前三年
私密教育黄金期

小区中心广场上，一个六七个月大的宝宝躺在婴儿车里，边晒太阳边不停地吮吸大拇指。虽然满脸满手的口水，小宝宝仍发出满足的咯咯笑声。妈妈发现后强行把孩子的手从嘴里拿开，孩子顿时哇哇大哭。

婴儿车旁边，一个2岁多的小男孩蹲着摆弄自己的生殖器，边玩边哈哈大笑。妈妈厉声喝止："不要乱摸，赶紧站起来！"小男孩被妈妈强行拽起来。

一个3岁左右的小女孩，看到刚才摆弄自己生殖器的小男孩，问妈妈："我怎么没有？"妈妈一脸羞涩地小声答道："你还小，你不懂，以后不许再问这样的话。"一边说一边拉着小女孩赶紧离开。

相信很多家长在育儿的过程中，都遇到过如此令人尴尬的场面。从这三位妈妈的表现来看，面对孩子的身体探索行为，她们是完全不能接受的。但是，要提示家长们注意的是，上面的这些情景正是对孩子进行私密教育的最佳时机！家长们，请大家回忆一下，你们究竟错过了多少次这样难得的机会。

"这孩子，说过多少遍了，怎么就是不听呢？"这是中国父母和孩子之间最常见的对话。涉及私密话题时，中国父母更是唯恐避之不及。一是有很深的羞耻感，难以启齿；二是真的不知道如何讲、讲什么。

其实，孩子在生命的前三年是家长私密教育的黄金期，他们经历了儿童性心理发展的三个重要阶段。弗洛伊德的性发展理论中有五个阶段：口欲期、肛欲期、生殖器期、潜伏期（青春期前期）和生殖期。针对0—3岁的孩子就涉及了前三个阶段：口欲期、肛欲期、生殖器期。如果家长学会识别孩子的私密教育三个黄金期，懂得如何交流和引导，将为孩子的健康成长打下最坚实的基础。

★ 第一个黄金期：口欲期

0—1岁（或1.5岁）左右是宝宝的口欲期。这时候，小宝宝处在完全不能自立的状态。嘴巴是宝宝的兴趣点，宝宝会把所有东西放到嘴里，这时宝宝的"吸吮需要"尤为突出。

米粒在4个月左右开始吃手，边吃边流口水，很不卫生，衣服也弄得很脏。妈妈为此很苦恼，也采取了很多方式，比如打手、强行拿开手、给她手指饼干等，但都不见起色。没想到米粒快到8个月时，竟然不吃手了。可是，到了8个多月时，米粒又开始吸下嘴唇。妈妈听说，孩子总吸嘴唇，有可能造成下嘴唇不再发育。妈妈越发担心，便带着孩子到处求医，均未见好转，而且医生之间的说法差异很大，导致妈妈伤心难过了好久。没想到，米粒到了一周岁时，所有的问题都没了。

著名心理学家弗洛伊德认为，婴儿在口唇阶段的初期（0—8个月），快感主要来自唇与舌的吮吸活动，吮吸本身可让宝宝产生快感。

父母应对方式

1. 正确的方式引导

小宝宝如果经常出现吸吮手指、吐泡泡、舔玩具等行为，请家长不要大声呵斥宝宝，也不要强行让宝宝停止，而是要想办法让宝宝得到满足。比如，给宝宝使用安抚奶嘴，给宝宝手指饼干，多陪伴孩子让 Ta 转移注意力。也可以给宝宝的手洗干净，让宝宝吮吸，适当满足宝宝口欲期的需要，也很重要。

2. 多抱抱宝宝并逗乐

妈妈在给宝宝哺乳时，多抱抱宝宝，并和孩子多交流。妈妈专注地和孩子逗乐，虽然孩子还不会说话，但是妈妈温柔的声音和灿烂的笑容，会让孩子感受到安全、被爱、开心、愉悦，爸爸妈妈的相亲相爱、家庭关系的和睦，也会让宝宝更加有安全感。

举一个反例让大家知道"满足宝宝口欲期的需要"究竟有多重要。安安宝贝处在口欲期时，妈妈认为吃手太脏，使用安抚奶嘴也不卫生，于是，只要看到孩子吃手，妈妈就特别严厉地批评他，并立刻把安安的手抽出来，孩子每次都哭得撕心裂肺。等到安安2岁多，居然开始爱咬人！爸爸妈妈不知道孩子为什么会这样，十分苦恼。

通过这个案例，大家就会发现，如果孩子的口欲期得不到满足，就会随着年龄的增长逐渐暴露问题，会导致口欲期过度延长。在心理学上，这种心理现象被称为"过度补偿"，会造成有的孩子在口欲期过后仍然吃手、吃指甲，甚至有的孩子爱咬人。

★ 第二个黄金期：肛欲期

2岁的小女孩糯米，看到邻居Hero站着尿尿，她也站着尿，结果糯米尿湿了裤子。奶奶看到这一幕，十分生气，劈头盖脸地批评糯米"女孩不能站着尿尿！"糯米既害怕，又委屈，蹲在地上大哭起来。

1（或者1.5）—3岁是孩子的肛欲期，这个阶段的孩子喜欢憋屎憋尿，对自己的屎尿非常喜欢，甚至玩自己的屎和尿，也就是通常所说的"屎尿屁"阶段。

这时的宝宝会注意到男女身体上的区别。随着孩子语言的发展，一些尴尬的问题会扑面而来。比如"我是从哪里来的""为什么男生要站着尿尿""为什么我没有小鸡鸡"，等等。

父母应对方式

1. 让孩子认识自己的身体

这个年龄段是进行性启蒙教育的关键时期。家长尽早让孩子了解男女身体结构的区别，也给孩子简单讲讲男生为什么站着尿、女生为什么蹲着尿。对于宝宝千奇百怪的提问，家长不要一味地逃避或搪塞敷衍，可以采取讲故事、看性启蒙绘本、亲子共浴等方式给孩子进行性启蒙，让孩子认识自己的身体。

2. 让孩子懂得爱惜自己的身体

"肛欲期"是最好的训练如厕的阶段。爸爸妈妈可以给孩子准备卡通的小马桶，温和地引导孩子在小马桶上拉便便、尿尿。我们要告诉孩子，自己的便便和尿都是正常的排泄物，"排泄出去会让自己的身体更健康"。父母要用正面引导的方式，帮助孩子掌握这项基本技能，并懂得爱惜自己的身体。

在大小便训练期间，往往会发生"意外事故"，请家长一定耐心耐心再耐心，不要对孩子大声呵斥和批评。否则，会让孩子对自己的身体产生负面感觉。

总之，家长可以根据孩子的理解，用轻松平常的口吻向孩子解释男女身体结构的不同、身体各个部位和功能，并以关爱、欣赏的态度对待孩子的身体，让他尽早了解自己的身体，并学会正确地对待自己的身体。

★ 第三个黄金期：生殖器期

3岁的男孩林林，在游乐场玩滑梯。突然一把揪住自己的小鸡鸡，拽得好长。旁边的妈妈真想找个地洞钻进去，慌慌张张带着孩子快速离开。

3岁开始，孩子进入生殖器期。这个阶段的宝宝最喜欢玩自己的生殖器，这个特点会持续到6岁左右。这期间，孩子常常会无视场合地拉、扯、摸、挤自己的生殖器，尤其在公共场合，常常令爸爸妈妈感到异常尴尬。

其实，这个阶段的孩子对生殖器的好奇和抚摸，与成年人的性行为完全不同。千万不要批评，更不要羞辱孩子，而是要给孩子正确的引导。

父母应对方式

1. 不要反复向孩子强调"不要玩"

家长对于孩子玩生殖器的行为，都会表现出无法容忍的态度。但是，提醒家长不要总对孩子说"不要玩，不要玩"，也不能吓唬或打骂孩子，这样会导致孩子产生心理阴影。其实，孩子都有逆反心理，家长越不让干的事，孩子越想干，这是一种正常的心理现象。对孩子的行为还需要家长有更多耐心，慢慢引导。

2. 教孩子保护私密处

家长应该告诉孩子不要在有人的地方玩私密处，如果发生这种情况，家长也不要大声喝止，而要温和地告诉孩子，身体的某些部位是很私密的，不可以给别人看，也不能触摸。当然，也不可以看和触摸别人的私密处，每个人都应该保护自己的私密处。

只要家长充分重视孩子在0—3岁这三个黄金期的私密教育，尊重并且适当满足孩子的生长发育需要，加以耐心的引导，孩子就会自然而然地对私密问题形成健康的认识。

私密教育，
从正确教 Ta 认识身体的部位开始

　　3 岁的小包子去游泳，在更衣室门口，看到一位奶奶给一个小姑娘换泳衣，小包子问妈妈："那个小妹妹的小鸡鸡怎么掉了？"小包子妈妈异常尴尬，不知如何回答，只想找个地洞赶快钻进去，赶紧拉着小包子离开："别瞎说，快去游泳。"

　　还有一件更离谱的事情。大学寝室每晚的"卧谈会"，大家都曾体验过。一天晚上熄灯后，睡在上铺的胖丫向姐妹们吐露一件心事。胖丫 6 岁那年夏天，爸爸妈妈因为农忙没时间给弟弟洗澡，就把任务交给了姐姐胖丫。在昏暗的灯光下，她给弟弟打香皂时碰到弟弟的私密处，多出的"一串东西"吓得胖丫"嗷"一声大叫，撒腿就跑，还边跑边哭，她以为弟弟得了"瘤子病"活不了了！晚上，胖丫问妈妈是怎么回事，妈妈只说："傻孩子，你懂什么？赶快洗澡睡觉吧！"于是，胖丫就带着疑惑、害怕、担心、恐惧的心情过了很久。大学毕业时，寝室的女同学都谈过男朋友，唯独胖丫除外，她说她害怕男性朋友的"一串东西"。

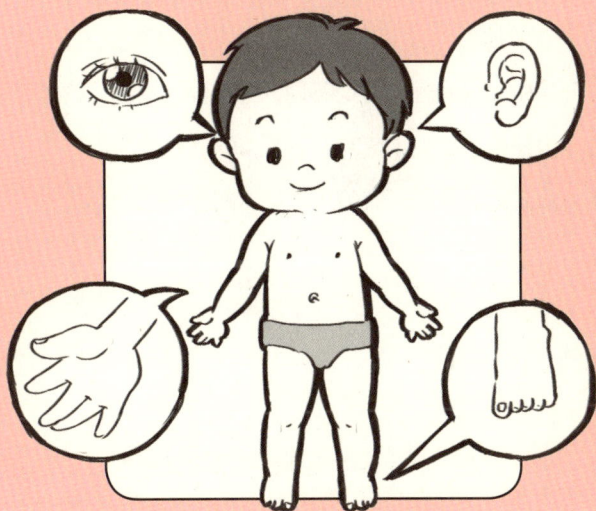

家长要对孩子进行正向的私密教育，
就从教 Ta 们正确认识自己的身体开始吧！

大家可能不愿相信这么离谱的事情就发生在我们身边，但我们身处这样一个含蓄、内敛的国度，每个人对私密话题的避讳和偏见由来已久，这是不争的事实。透过这些现实，这一代家长是不是该反省一下，不能再让我们的孩子面对同样的困惑和尴尬。我们要对孩子进行正面的私密教育，就从家长学会正确教孩子认识 Ta 的身体开始吧！

　　孩子从两三岁能够独自上厕所时，不但开始对自己的性器官感到好奇，也开始留意男女性器官的不同，并且产生兴趣。虽然男孩和女孩的养育方法不同，但不管男孩还是女孩，作为家长，都有必要教会孩子认识自己的身体。我们可以尝试用下面三种方式和孩子进行沟通。

★ 通过游戏的方式

　　家长可以通过游戏、讲故事等途径教孩子认识自己的身体。比如，家长可以带孩子玩"鼻子鼻子眼睛"的游戏，我们可以这样做：

　　孩子先用一根手指头指着鼻子，家长说"鼻子鼻子眼睛"。这时，孩子就要听从指令指着眼睛。家长还可以说"鼻子鼻子耳朵""鼻子鼻子头发""鼻子鼻子屁股"，等等。如果指错了，孩子就输了，可以约定一些简单的输赢规则。

　　通过游戏的形式，既可以免除家长的尴尬，又让孩子了解了私密知识。这时候，家长可以和孩子聊聊身体每个部位的功能。比如，眼睛是用来看东西的，鼻子是用来呼吸的，手是用来拿东西的，屁股可以坐，可以拉便便，等等。

★ 通过绘本故事的方式

借助性启蒙绘本对孩子进行性教育也是很好的方法。图画中既有男女生殖器官的图片，也有宝宝怎么出生的图解。家长按图说话，方便又直观。和孩子解释男孩女孩的区别，要让孩子了解自己是男孩还是女孩，并且抓住这一点对孩子进行适当的引导。

家长可以向宝宝提问，比如"男孩与女孩什么地方不一样？"孩子可能回答"裤子不一样，上衣不一样""撒尿的地方不一样"，等等。家长此时可以说："男孩有阴茎，女孩没有，但女孩有相同的器官，不过是在肚子里，外面看不见。"让宝宝对什么是男孩、什么是女孩有个初步认识。家长要不断地对宝宝进行性启蒙，不断地对宝宝的认识、好奇进行适当的指导，千万不要扭曲宝宝私密意识的成长。

★ 通过亲子共浴的方式

亲子共浴的话题在国内已不鲜见。其实在孩子4岁之前，都会对异性的身体感兴趣。

3岁的小女孩小米，每次在爸爸洗澡时都要使劲推门，小米的妈妈知道这是孩子正常的心理发展，可以对她进行性启蒙教育。于是，让小米和爸爸一起洗澡。小米看到爸爸的身体后说："噢，原来爸爸的身体是这样的。"从那以后，小米再也不张罗要看爸爸洗澡了。这就是满足了孩子的好奇心。

之后，妈妈对小米说："女孩和男孩的身体不同，女孩的小鸡鸡扁扁的，男孩的小鸡鸡长长的。"

小米马上说："是的，我的鸡鸡扁扁的，爸爸的鸡鸡长长的。"

同时，也要告诉孩子男女的其他区别，比如男孩是站着尿尿的，女孩是蹲着尿尿的。

除了正确认识身体之外，家长还要教会孩子懂得保护内衣遮盖的地方。

对于男孩而言，他的生殖器和屁股是隐私部位；对于女孩而言，她的乳房、生殖器和屁股是隐私部位，告诉孩子这些地方要保护好。和孩子聊聊，之所以叫隐私部位，就是因为：

"它们不能在公众场合展示，谁都不许碰，隔着衣服都不行。只有爸爸妈妈给你洗澡的时候是可以的。如果有人碰，就大声喊住手！走开！我不喜欢你！最好赶快跑开，去人多的地方。见到爸爸妈妈或者老师，要把这个事情告诉他们，他们一定会帮助你！"

家长要在生活中引导孩子懂得尊重自己和对方的身体，自己不愿意做的事情，也不能强迫别人做。同时和孩子一起制作一个"爱心圈"，和孩子一起确认只有在这个圈子里的人，才是可以拥抱和疼爱孩子的人。

幼儿园里有时会发生男孩脱下裤子向女孩展示自己的生殖器，或者小朋友互相触摸性器官的事情。幼儿园以及小学低年级的小朋友之间，偶尔也有互相展示和触摸性器官的事情。有些父母发现这类事情时大惊失色，心里想要严肃教育孩子，却又觉得难以启齿，不懂得该如何把握说话的尺度。其实，孩子只要及早接受最适合他们的年龄以及身心发育状况的解释与照顾，就完全可以预防这类问题的发生。对孩子的私密教育既要认真引导，又不能太过严厉，不能反向激发孩子的好奇心。当然更不能撒谎，否则会失去亲子之间的信任。

家长在告诉小宝贝"男女有别"时，需要谨记以下几个要点：

A. 因为男女性器官形态不同，所以排尿方式也不同；

B. 对于性器官的作用，只需告诉孩子是排尿的地方；

C. 性器官是很重要的，所以要保持清洁；

D. 不能随便给别人看，也不可以随便摸、随便踢。

对小宝贝来说，性器官不过是身体的一部分，对自己以及异性的性器官产生好奇心是很自然的事情。当孩子喜欢说"鸡鸡""屁屁"之类的词，家长不要带着一脸紧张或厌烦的表情，也不要批评"不许说这些词"，这样会导致孩子说得更频繁，甚至会背着家长说。正确的方法是，很平淡自然地告诉他"这些词不能在别人面前说"，用平静的态度淡化 Ta 的好奇心和小小企图。父母用满满的爱心来拥抱和对待孩子才是最重要的。孩子的心安定了，身心才会健康地成长。

男孩和女孩，
什么时候开始性别教育？

　　这几天，3岁的女宝宝乐乐经常尾随爸爸妈妈上厕所。如果爸爸妈妈关上门，她就站在门外大哭，赶也赶不走。有一天，她得意扬扬地宣布："爸爸站着尿，妈妈坐着尿！"原来乐乐是观察爸爸妈妈尿尿的方式。

　　随着孩子渐渐长大，发现许多新鲜的事情，Ta们从原来只关注自己的身体，到发现与自己不同性别的人的身体里竟藏着不一样的秘密。那么问题来了，什么时候应该对孩子进行性别教育呢？

★ 有生命以来的爱的滋润

　　最早的性别教育是从妈妈怀上宝宝时，在不知不觉中伴随而来的。因为性是生命的一部分，与生俱来。

　　妈妈们还记得刚刚得知自己怀孕时的情景和心情吗？看着拿在手上的两道杠，你是不是高兴得有点发蒙呢？接下来，一个问题会

"我是男孩，不信你看！"
"妈妈说，内衣遮盖的地方不能随便看！"

马上浮现在脑海中，是男孩还是女孩呢？

带着这样的猜测，孕妈们度过整个孕期。在孩子出生的那一刻，我们首先想知道的就是，宝贝究竟是男孩还是女孩？此后，家人开始使用直接或间接指代性别的语言——"他"或"她"来彰显孩子有关性的一切特征。

在产房里，父母会把男宝宝叫作胖小子，听到他们有力的哭声，握紧的拳头和乱蹬的小腿，得意地说，看他多有劲儿。对女宝宝，爸爸妈妈会叫她们小宝贝儿，拿起她们软绵绵的小手说，多漂亮的小手啊。

男宝宝一出生一般会被包裹在蓝色襁褓中，女宝宝被包裹在粉色襁褓中，有的妈妈甚至会给刚出生几天的女孩戴上蝴蝶结。

简单的性别区分在很早的时期已经出现了。4个月大的婴儿可以在感知觉测验中，把男人和女人的声音与Ta们的照片相对应。到了1岁时，婴儿能够清楚、稳定地区分出照片上的男性和女性。

随着宝宝的腰腿部越来越有力，直到能翻身以后，妈妈会发现，小宝宝会抓住一切机会触摸自己的生殖器官，小男孩尤其明显。在换尿不湿的时候，他会一边使劲地揪扯自己的生殖器官，一边开心地笑。

这时，妈妈不必担心他会揪疼自己，也不要急着呵斥孩子。如果妈妈当下做出了厌恶的表情、呵斥孩子，或者说出类似"羞羞""臭臭"等羞辱的语言，甚至一个巴掌拍过去，那么，家长的价值观就被传递了出去。这些言行传递给孩子的信息是，"我的身体是不美好的""我的快乐是不被允许的，是让人感到羞耻的"。这种羞耻感将延续到他成年，甚至一生。

相反，家长可以借此机会，很自然地告诉孩子，Ta 们正在触碰的地方是哪个部位，是用来做什么的。这是家长对孩子进行私密教育的一个非常有效的时机。

0—5 岁的孩子会通过抚慰式的触摸，包括自慰的方式来探索身体器官。对孩子的探索行为，家长要放下成见，不要用嘲笑甚至发怒来对待孩子。在这个阶段最需要的，首先是无条件的爱和尊重。

★ 生活自然场景中的轻松教育

随着小宝宝活动范围的扩大，开始有一些社交活动。小宝宝会在群体当中，慢慢开始对性别做区分，但此时处于一种极其懵懂的状态。个别宝贝还会表现出"男孩跟男孩玩，女孩跟女孩玩"的倾向，但常态依然是男孩女孩一起拉手，互相拥抱。

在日常生活中，家长可以用孩子喜欢的玩偶为例，告诉孩子身体各个器官的名称。

如果家长还不习惯对孩子说出性器官的名称，可以在教孩子学习身体的其他器官，比如眼睛、鼻子、腿和脚趾等时，试着加上性器官的名字，并告诉孩子，世界上还有一种和 Ta 不同性别的宝宝，Ta 们的身体是什么样的，让孩子了解男孩和女孩身体器官的不同。而不要把性器官作为一个尴尬的事物刻意回避。

家长也可以在生活中当隐私部位自然地暴露出来时，对孩子进行私密教育。比如，妈妈在家里换衣服时，可以对女儿说："这是妈妈的乳房，等你长大后，也会和妈妈一样长出大大的乳房。"或者在给弟弟妹妹喂奶时说："这是妈妈的乳房，我正在给弟弟喂奶。"爸爸也可以在和儿子一起洗澡的时候，回答孩子类似"有没有胡子"的各种问题。

这时的孩子，出于对同性父母的认同，往往会模仿大人的行为，比如，女孩可能会要求"我也要给小弟弟喂奶"。这时，妈妈可以进一步告诉孩子，女性的生长发育过程是怎样的。语言要简单易懂，同时告诉孩子，繁衍后代、养育孩子是大人做的事情。

家长还可以带孩子到大自然中去，让 Ta 们感受不同的季节里，植物、动物是怎样繁衍生命的。可以讲讲植物的雄性花蕊是怎样进入雌性花蕊里进行授粉的。当看到小狗小猫交配，孩子通常会好奇地看，大一点的孩子会主动提问"它们在干什么"。当孩子发问时，要根据孩子的年龄给出不同的答案。这时，可以这样和孩子说："小猫小狗在准备生宝宝，它们也要当爸爸妈妈了。"

通过在大自然中的日常学习，等到孩子开始询问关于人类的性问题时，家长已经积累了一些熟悉的词汇和经验，也会更简单、更自然地向孩子讲述，孩子们将会更容易理解。

回想一下我们小时候对自己和世界的好奇，去反思一下我们是如何了解性的信息的。如果可以重来，你希望哪些经历可以不同呢？重新体会这个历程，将能够帮助家长理解和享受孩子的好奇心，带着开放的心态去描述人类的身体以及自然界的植物和动物，让孩子体会世界和生命的美好。

★ 使用平等、包容的语言

家长使用语言的方式，将有意无意地塑造孩子的思维和观念。研究发现，由于个人经验和社会文化等因素的不同，人们在讨论性器官时使用的语言有很大的差异。

通常，人们会用四种语言类型描述性器官：医学语言，通常是医生使用的语言，如阴茎；通俗语言，被多数人使用、能反映自己的价值观并通俗易懂的语言，如阳具；儿语，委婉的带孩子气的语调的语言，如小鸡鸡；俚语，通常包含贬低、负面甚至暴力的语言，如老二。

原则上家长要用亲切、包容、不带评判的语言来进行私密教育，不要使用俚语，更不能对不同性别的孩子使用带有歧视色彩的语言，比如"小丫头片子"与"大胖小子"，这两个词所传递出来的情感色彩是完全不同的。

家长们尽量用简洁的语言表达，既能让孩子听得懂，又利于孩子清楚地表达，得到其他人的理解。

无论用什么词汇，家长要知道自己在做什么，而不是磕磕巴巴、遮遮掩掩。目的就是，家长要用语言和行为给孩子传递关于性的自然的态度。

性别是塑造人际关系的重要部分，经由性别标签使孩子更加明确自己在世界上的位置，发展出自我概念。健康长大的孩子天然地认为自己是最棒的、最重要的，家长在日常生活中要保护孩子这种天然的自尊和自信，而不是打压，更不应该重男轻女。

　　经过亲子之间长期的交流和积累，通过让孩子对自己的性别和身体的深刻认同，进而让孩子懂得如何爱护自己。通过帮助孩子们认识男孩和女孩的各自特点，理解和接纳彼此的不同，进而培养出对异性的尊重。同时，家长要给孩子一个稳定的、彼此相爱的家庭环境，让孩子感受到父母间的包容和长久陪伴，从中学习到彼此尊重的两性互动关系。

用好行动卡，
记录下孩子问的第一个私密问题

当翻看孩子从小到大的照片时，回忆起从怀胎十月到呱呱坠地，看着宝宝从只会吃手到会翻身、能坐卧、会爬行，甚至到会跑会跳，所有场景历历在目，相信爸爸妈妈的脸上都会洋溢出幸福的笑容。是的，孩子们的每一个成长时刻都值得纪念！那么，孩子问的第一个私密问题，家长们有没有记录下来呢？

★ 抓住孩子的语言敏感期

在孩子的眼里，父母就像天空一样辽阔，爸爸妈妈和孩子组成的温暖家庭，时时刻刻都在对孩子进行爱的教育。孩子用 Ta 全部的身心体会并吸收着一切，忽然有一天 Ta 发出了一个清晰的词语，这个词语可能是"爸爸"，也可能是"妈妈"，无论这个词语是什么，这个词语给孩子带来了全新的感受。词语抓住了孩子内在的感觉，并使原本稍纵即逝的感觉稳固下来，使模糊的感觉越来越清晰，使肤浅的感觉越来越深刻——语言开始在孩子的生活中发挥巨大的力量。

孩子在每一次发声中体验着语言的力量，在每一次发声中加深与世界的理解和连接，尤其是当 Ta 发出关于身体的第一个字眼时，这预示着孩子已经开始有了清晰的自我认知。Ta 开始清晰地体会自己在这个世界上的位置，Ta 的身体从模糊的感觉变得清晰可辨。这时，爸爸妈妈要告诉孩子的是："爸爸妈妈是多么爱你和你的身体。你的身体是上天赐予的珍宝，无论是什么体型、什么肤色，都是最美好的！"

当孩子能进一步向父母提出关于性方面的任何问题时，这意味着孩子学会了独立思考生命，并把这一思考上升到人类特有的语言层面，真是太棒了！这个问题可能就是"为什么妈妈蹲着尿尿""为什么妈妈不给我喂奶""我什么时候能穿妈妈的高跟鞋"，或者，就在妈妈买卫生巾时，孩子会问"这是干什么用的"。

家长们请不要对孩子说"我们晚点再聊，好吗"，而应该及时给孩子一个自然而然的回答。除非这是你根本不愿意讨论的内容，否则拒绝回答 Ta 的问题，会使孩子觉得是 Ta 们不该提问题。你与孩子间原本可以开放、坦诚、自然的交流，在那一刻被一道屏障隔开了。

研究发现，适时地对孩子进行私密教育，能为孩子准备好健康的性别认知，能帮助孩子发展出处理两性关系的能力，能帮助孩子顺利地度过青春期，避免在青少年时期发生情感伤害。

适时的私密教育能帮助孩子发展出更有利于成年生活的性别角色模式，也就是双性化的人格特质。

双性化指的是同时拥有高而优质的男性特质（如坚定、善于分析、独立、理性）和女性特质（如有爱心、温和、善解人意）。

请注意，双性化与我们日常说的"中性化"完全不同。中性化指男性特质和女性特质都不明显，在社会心理学上被称为未分化。大量的社会学研究证实，双性化是最为理想的性别模式，同时集合了两性的优势，这样使得个体拥有较高的自我评价、较好的社会适应能力、较高的心理健康水平，罹患抑郁、焦虑的机会也较低，在成长过程中更加受到同龄人的欢迎。

★ 和孩子一起成长

关于生命真相的沟通并不是一个"一次性的、严肃的、需要坐下来才能讨论"的活动，而是一场不间断的关于生命的交流。当孩子提出第一个私密问题时，无论这个问题是什么，请爸爸妈妈带着欣喜的心情将它记录下来。仔细地记下孩子问问题的时间、环境以及当时家长真实的回答。最重要的是，当时父母的感受以及孩子的反应。

在随后的日子里，反复体会当时自己的感受，你会用什么词汇来描绘自己的感受？你的这个感受长什么样？是什么颜色的？它有声音吗？如果它会说话，它会对你说什么？这个感受什么时候离你近，什么时候离你远？你是怎样与它互动的？

事实上，在私密教育方面，我们的孩子要比我们幸运得多。或许家长们还记得青春期时的自己，是多么羞涩和自我封闭，即使成年以后也未必真正克服类似的不良心理。也或许有的家长还没有意识到，自己对于性的态度和行为，会一直受到幼年时性心理发育的影响。然而，当面对心爱的孩子时，你是否能够敞开心扉，自然地与自己的内心相处呢？回想一下自己对性的了解过程，也可以把它写下来，无论曾经是好是坏。

在准备好以后，可以和自己的伴侣来讨论这些经历。作为父母，希望自己的经历会有哪些不同呢？你们将为自己的孩子做哪些不一样的事情呢？把能想到的写下来，交换阅读并进行讨论，尝试着理解你的伴侣，并进行换位思考，你会发现你们彼此的连接更深了。这时的父母二人，更像一个抱团成长的团队，一起重新面对自己的性成长历程，能够彼此支持，并和孩子一起成长。

★ 熟悉卡片内容，灵活应用

本书设计了这样一套与儿童私密教育相关的活动卡片，家长可以按照行动卡指示来逐渐熟悉和掌握儿童私密教育内容。家长可以根据孩子的认知水平和当时的反应来灵活选择，也可以为下次谈论相关的内容做好准备。

当然，孩子有可能会反复提出同一个问题，这需要家长将新的内容按照合适的比例穿插进去。所以，家长越是熟悉这套卡片，在运用时，将会越自如灵活。

在使用每张卡片时，请家长耐心回答孩子的每一个问题，尝试着去观察这些看似幼稚的问题背后，蕴藏着的孩子的好奇心和困惑。

今日任务

🧭 时间：_____

📍 地点：_____

😊 人物：_____

♥ 心情：_____

记下孩子问你的第一个私密问题吧！

家长的耐心解答正是帮助孩子建构生命知识体系的好时机。同时，熟练运用这些活动卡片，用游戏的方式帮助孩子疏解负面情绪。

强烈建议父母双方都能够参与到行动卡的活动中，爸爸提供男性的解读，妈妈提供女性的视角。同时，爸爸妈妈的辩论向孩子展示了语言逻辑，让共读成为有趣的家庭游戏。最为重要的是，孩子在与父母的共读中，能够真实地体会到父母对彼此的情感和态度，这将对孩子未来的生活产生深刻的影响。用好有趣的行动卡，父母和孩子将会收获更多的惊喜。

家长朋友们，现在就赶快行动起来吧！

第四部分

考验爸妈的
第一关：幼儿园

"十万个为什么"，
只为单纯的好奇

    自从乐乐上了幼儿园，这个 3 岁娃突然间"长大了"。她经常有各种奇妙想法：早晨看妈妈涂口红，乐乐也要涂，还学着妈妈涂抹嘴唇的动作，有模有样；走在马路上，看到大肚子的阿姨，乐乐也特别好奇："阿姨的肚子里有小宝宝吗？为什么我的肚子里没有？我要给宝宝吃奶！"说着，乐乐掀起衣服，露出光溜溜的小肚皮。吓得妈妈赶紧抱起乐乐逃离现场。

    面对幼儿园宝宝各种古灵精怪的想法，父母真是招架不住，疲于应付。明明早就买来《十万个为什么》反复研读，可是在生活的考场上，却发现这个阶段的宝宝完全不按套路出牌！即使已经是"时刻准备着"的宝爸宝妈们，也常常被宝贝们的实力打败。

    家长需要认清一个事实，那就是"十万个为什么"会一直延续整个幼儿园阶段。差别只在于，小孩子问得比较简单，而大孩子问得相对复杂。那么，家长除了逃避、抓狂，究竟有没有什么招数，可以轻松应对宝宝的"十万个为什么"呢？

★ 第一招，正确认知孩子的发展阶段和特点。

3岁左右进入幼儿园，孩子便步入了全新的社交阶段。在家庭以外，Ta们会发现好多新奇的事物，产生许多新奇的想法。最重要的是，孩子们开始用语言表达自己的想法和感受了。

家长也感觉特别新奇，因为曾经的小宝宝终于可以说出自己的心声，用语言和爸爸、妈妈、老师进行沟通了。这真是一项了不起的新技能！家长会为此感到骄傲，时不时在别人面前夸赞道："你瞧，我家宝贝可以说一长串的话，Ta居然知道在什么场合用什么词，你说神奇不神奇？"

恭喜你！你家的宝贝终于正式进入语言敏感期。Ta们那些没完没了的"为什么"，就是一个重要标志。它在告诉家长，宝贝正在进行因果逻辑关系的探索。

需要提醒家长注意的是，这个时期的宝宝一定是打破砂锅问到底的！Ta们对所有的一切都怀有好奇之心，当然包括对性的疑问！

三四岁的小朋友会对异性小朋友的生殖器感到好奇，甚至会模仿不同性别的小朋友撒尿。然而，在孩子的心中，这些行为并不等同于成人对性的一般看法。就像孩子会问"树叶为什么变黄了"那种心境是一样的啊。

孩子看到什么问什么，想到什么说什么，这正是孩子的可爱之处，也说明宝宝在一天天长大。Ta们用单纯澄澈的眼光看世界，全身心体会世界，这是多么可贵的品质！

★ 第二招，传递健康的性的态度。

待家长摘下有色眼镜后，就会发现，当孩子提问关于性的各种"为什么"时，其实是绝好的性启蒙时机！此时，最关键的是传递家长对性的正确态度和价值观，即便你并不知道科学的答案是什么。

比如，孩子在公众场合玩耍时，会忽然开心地掀起衣服，露出肚皮。妈妈制止道："宝宝，这样是不礼貌的！"孩子会问："为什么不礼貌？"这时，你可以严肃地、明确地对孩子说："这是隐私，不能在外面露出自己的身体。"然后，顺着孩子的提问，自然而然地告诉孩子"什么是隐私""为什么隐私只有自己知道，别人不能知道"等观点。

当然，妈妈们若想做到如此有条不紊，估计需要在心中默念一百遍"这是我亲生的，这是我亲生的"。如果妈妈能够掌控当下的局面，既能让孩子合适地作为，又能借此机会对孩子进行性启蒙，是最好不过的了。

然而，现实中最有可能发生的一幕是，当孩子觉察妈妈忽然变了脸色，要冲过来制止 Ta 的时候，Ta 可能会一溜烟儿地跑开了，留下尴尬的家长一路追赶。这时该怎么办呢？

首先，记得深呼吸！同时，把重要的事情默念三遍：这是孩子性心理发展的必经阶段，Ta 不是故意要给妈妈难堪，更不是要和妈妈对着干。

这时候最忌讳的是呵斥，甚至辱骂孩子，"你怎么这么不知道羞啊？"

没错，此时的孩子真的不知道什么是"羞"！因为，在孩子心里，这些让 Ta 们感觉非常开心的事情，怎么会"羞"呢？

斥责、辱骂孩子的行为和态度，传递给孩子的是"快乐的事情等于羞""我不应该快乐，因为那样做是错的"，这对孩子的性心理发展无疑是种创伤！

如果家长认可孩子、理解孩子的发展阶段，学会通过表情和肢体语言，将这份理解传递给孩子，孩子也一定会接受这份理解。只有这样，亲子之间才能够进行下一步的沟通、交流。

★ 第三招，正确、简洁地回答问题。

有了对孩子的理解和认可，如果孩子问"为什么不能露肚皮？"这类问题，家长就要学会根据孩子的年龄和认知水平，做出正确、简洁的回答。

比如，对年纪小的孩子可以这样说：

"你看这个花骨朵，它在很小的时候，需要外面有叶子保护得很严密。小朋友就像花骨朵一样，也要很严实地穿好衣服。"

即便父母没有立刻说出系统的、科学的知识，也要及时表达自己真实的想法，比如，"小孩子在外面露肚皮，大人会吓一跳！"

当面对年纪稍大，而且有了一些科学知识的孩子问"为什么"，如果父母真的一时语塞无法回答时，请如实地告诉孩子，而不要遮遮掩掩，可以建议孩子"我们一起去看看《百科全书》是怎么说的吧，那是一本神奇的书，里面有很多有趣的事情！"

切记，不要试图遮遮掩掩，或者支支吾吾，我们要想办法通过各种有趣的方式，和孩子一起寻找正确答案。这样，孩子既能体会到自己是被爸爸妈妈理解的，加深了亲子间的信任，也能在合适的时机学到科学知识。这种感觉是不是很棒呢？

　　总之，面对孩子的逻辑思维敏感期，家长要深刻认识到，孩子就是单纯的好奇，不掺杂任何成人世界的延伸义！回答孩子的"十万个为什么"，无论使用何种语言和方法，只有传递出对性的正确态度，才是最重要的。只有在这个基础上，孩子学到的知识才会在未来真正帮助 Ta。

　　且问且珍惜吧！下次宝宝星人的一大波问题袭来的时候，家长们还会尬聊吗？

正确引导孩子的好奇心，要做好哪些事情？

从幼儿园的监控视频中，妈妈看到 4 岁女孩木木和另一个小女孩一起跑进卧室。两个孩子把裤子脱了，互相对着笑，嘴里还说着什么。过了一会儿，两个孩子跑出去继续玩儿。据幼儿园老师说，木木和她的好朋友一起玩的时候，有过几次撩起衣服看对方的肚子。还听老师说，有的小朋友还会脱了裤子、撅起屁股互相看，大家玩儿得很开心的样子。看老师如此淡定地讲述，妈妈实在无法理解，心里默默念叨"只要孩子没事儿就好"！

家长们是不是觉得"画面太美我不敢看"啊？其实，这些行为是因为孩子对性的好奇而发生的，是儿童性心理发展的必经之路。

在幼儿园阶段的孩子，对怀孕和生产的故事有了相当程度的好奇，也开始有了羞耻心，Ta 们会偷偷地和小朋友玩身体探索游戏，会做出更多让爸爸妈妈意料之外的行为。那么父母要如何对待孩子的这些身体探索行为呢？

★ 确立界限观念

3 岁的女宝宝兰兰告诉妈妈"同同不是我的好朋友了""他使劲拽我的手，我不喜欢"时，妈妈要如何回应呢？

A."小朋友是跟你闹着玩，没关系的。"

B."嗯，同同使劲拽你的手，你不舒服了、不高兴了，可以直接告诉他，让他知道。"

这两种回答，你会选择哪一个？

显然，第二种回答是正确的。因为这种说法肯定了孩子的情绪，让孩子知道爸爸妈妈了解她的心情，是理解她、尊重她的。同时也告诉孩子恰当的做法，教会孩子在日常人际交往中保护好自己的界限。

当孩子超过 3 岁时，就要帮助 Ta 确立界限观念，让孩子知道有维护自己身体的权利。日常生活中，家长要言传身教。比如，家长可以对孩子说"我的屁股是很隐私的，不要摸它""妈妈上厕所的时候，不希望被看到，想自己待一会儿"。这就是在给孩子示范如何保护自己的身体，如果你不喜欢别人摸你，就要说出来。这个演示要温和坚定，不需要恐吓孩子，不要破坏孩子对世界的信任。

★ 正确对待孩子的私密游戏

当孩子在公共场合露出身体的隐私部位时，家长要明确告诉孩子：

"每个人的身体都是 Ta 自己的、是隐私的，每个人都不应该在任何公共场合露出自己的生殖器官。"

同时要告诉孩子，学会区分公共场合和私人空间。家长可以这样说：

"公共场合是有其他人在，大家共享的空间，比如家里的客厅、商场、学校。"

"私人空间是只属于你自己的空间，比如家里或学校的厕所里，还有你自己的卧室。"

需要注意的是，当孩子在公共场合暴露身体隐私部位时，家长只需要告诉孩子正确的做法，比如"你想知道什么，可以回家问爸爸妈妈"。一定要注意用词和表达，不要说那些类似"哎呀，简直羞死了""再露屁股出来，让警察把你抓走"的话，不要给孩子传递羞耻感和恐惧感。

同时，家长要观察孩子听到这些话时的反应，要区分场合、区分情境来处理，学会随机应变。如果孩子觉得做这样的事情就是好玩的，那我们不妨就和 Ta 一起玩。比如，孩子在客厅忽然露出屁股，家长可以对孩子说："啊，我看到一个屁股，我要来追它了！"用游戏的态度帮助孩子释放情绪，之后，再来和孩子谈谈关于界限的问题，孩子将更加容易接受父母的观点。

★ 多种手段结合，让私密教育更有效

有些家长可能会说："我小时候不是这样的，现在的小孩儿是

不是早熟啊？"其实大可不必如此怀疑，也有可能是家长们真的忘了小时候的事儿。不管怎样，现在的孩子是在一个更加宽容的环境中长大，Ta们也更加愿意表达内心真实的想法，这也正是给父母提供了一个适时进行私密教育的绝好时机。如何承担起孩子私密教育第一人的责任？这里给父母提供一些有效的工具和技能，建议家长根据自家宝贝情况，适时、适地地进行。

1. 故事游戏

"故事思维""游戏力"已成为当下热门词。实际上，儿童的世界里最不可缺少的三大要素，就是故事、游戏、童谣。

故事是人类经验的一种概括形式，是人类认识和把握世界的一种方式。故事也是孩子理解这个世界最直接有效的途径！世界上没有不爱听故事的孩子，除非Ta有一对不爱讲故事的父母。凯迪克金奖得主艾伦·赛伊曾说过："好故事会改变孩子的思维、情感、心灵和看待事物的眼光。"家长要学会讲故事，通过故事传递人文、科学知识，当然也包括家长对私密问题的态度。

比如，当孩子问"我是怎么来的"时，家长可以首选给孩子讲出生的故事。有时候孩子提问的目的未必是想要了解科学知识，更大的可能是要进行自我确认——确认自己的重要性，确认爸妈的爱！Ta们需要更多体会的是美好的感觉，这些美好的出生故事就可以给孩子传递这样的幸福感。

故事可以是自己编的，也可以用相关的绘本故事。在讲述这些故事时，家长也注意体会孩子对这些信息的接受程度，及时调整讲述的方式和深度。

2. 我们的身体

身体是孩子最直观的学习工具。爸爸负责教儿子，妈妈负责教女儿。

比如，在洗澡的时候，妈妈带女儿认识一下女性的身体，解释一下为什么宝宝的乳房和妈妈的乳房不一样。这个时候妈妈可以这样说：

"妈妈小时候和宝宝是一样的。后来，妈妈长大了，妈妈的乳房也渐渐长大了。再后来妈妈有了宝宝，妈妈的乳房变得更大了，就可以为宝宝提供充足的奶水。"

爸爸也可以给儿子解释，为什么爸爸的生殖器周围有毛发而宝宝没有，等等。让孩子们可以直观地认识到私密部位的不同。

在孩子可以自己洗澡的时候，让 Ta 们洗净并擦干自己的隐私部位。这样会让孩子再次明确 Ta 们的身体是自己的，只有自己能碰。

3. 植物和动物

带孩子到大自然中，在散步、野餐的放松时刻，可以给孩子讲讲花朵是怎样授粉的。当孩子看到狗在交配，问"它们在干什么"时，父母可以给这个年龄段的孩子讲讲，关于动物的生殖故事。这样，等到给孩子讲述关于人类的繁衍时，家长会感到更加简单自如。在轻松的氛围中，帮助孩子认清自然界的万事万物都要繁衍生息的规律，让孩子感受到，私密的生育活动是一件正常又美好的事。

4. 绘本书籍

幼儿园阶段的孩子识字有限，并且开始对自己的身体感兴趣，建议家长和孩子多接触与私密教育相关的绘本。比如《乳房的故事》

《我们的身体》《小威向前冲》等，这些经典绘本会让孩子对人体的生理结构和生命的奥秘有所了解。需要注意的是，拿到图书之后，家长必须提前阅读学习，做好阅读准备。避免因不熟悉内容或讲述不流畅，给孩子传递了错误的讯息，千万不要让孩子误会了你的正向态度。

5.科技手段

随着视觉科技的发展，科学知识的展示技术越来越多样化。科学馆里立体直观的演示、模型非常吸引孩子。如果身边不具备这样的条件，也可以给孩子看简短的科普视频，比如显微镜下的精子与卵子结合过程的视频。这方面需要家长提前了解视频，设计好讲解内容，不需要过多呈现，也不用深入讲解。完全视孩子的情况而定，只要满足了 Ta 们当下的好奇心就好。

随时准备迎接这个"伟大"的问题
——"我是从哪里来的?"

　　妈妈带着 3 岁多的小米玩滑梯。天真可爱的小米从滑梯上飞驰而下,兴奋地跑到妈妈面前问:"妈妈,我是从哪里来的?"瞬间,米妈像被施了定身法,呆呆地看着女儿几秒钟,接着顺口说道:"你是从地里刨出来的,就像刨红薯一样。"小米很疑惑:"用什么刨出来的呀?没有刨坏我吗?"此时此刻,米妈无言以对,只能打发小米赶紧继续玩滑梯。

　　小米 5 岁多,妈妈带她去超市。小米又扔出同一个炸弹:"我是从哪里来的?我听幼儿园的小朋友 Lisa 说,她不是从地里刨出来的!"显然,过了这么久,孩子对妈妈的回答依然有困惑。妈妈觉得不能再糊弄孩子,于是说:"你是从妈妈肚子里剖出来的。"只见小米脸上更加疑惑:"你之前不是说,我是从地里刨出来的吗?"米妈顿时愕然,不知如何是好。

　　相信很多家长都曾遇到过"米妈的困惑"。当孩子问"我是从哪里来的"时,家长的第一反应是紧张和不安,好像要被孩子窥探了什么不可告人的秘密一样！可是这次，真的是你们想多了！请大家先平复一下心情，事情根本没有你们想象的那么复杂。

孩子在两三岁时，就会问爸爸妈妈"我是从哪里来的？"这是很正常很普遍的现象。这也是孩子在学龄前大脑发育阶段必然产生的问题，是孩子在成长进步的表现。当孩子开始不断地向家长提问题的时候，说明 Ta 已经开启了对这个世界的探索和自我思考。然而，"从哪里来"这样的问题，在我们这个含蓄又内敛的民族中，已然变成了千古谜题，"折磨"着一代又一代人！

那么，家长面对孩子的这个"伟大"问题，该怎样回答才对？

首先请家长牢记回答这个问题的关键：必须让孩子清晰地知道，自己是爸爸妈妈亲生的！

接下来，根据孩子所处的不同年龄段，家长针对话题深度的差异给出不同的回答。孩子的理解能力有限，不需要过细、过深的解释，只要用孩子可以理解的语言，简单地解答就够了。家长要学会根据孩子的认知程度，慢慢引导。

★ 巧妙回答 2—3 岁娃

对于两三岁的孩子，Ta 们会反复问爸爸妈妈："我是从哪里来的？"当孩子问到这个问题时，父母可以告诉 Ta：

"你是从妈妈的肚子里生出来的。"

这样一句话就可以了，孩子一般就会满意了。

★ 巧妙回答 4—5 岁娃

孩子四五岁的时候，还会继续问这个问题。这时，爸爸妈妈可以回复 Ta：

"你是爸爸妈妈生出来的。"

如果是剖腹产的妈妈，可以让孩子看看刀疤，就是从这里被医生抱出来的。如果是顺产的妈妈，就可以告诉孩子：

"你是通过妈妈肚子下面的神秘通道出来的。"

一般情况下，孩子对妈妈这样的回复也会很满意。

★ 巧妙回答 5—6 岁娃

这个年龄段的孩子，Ta 们的问题又会升级。例如："我知道我是从妈妈肚子里出来的，那我是怎么进去的呢？"这时，可以告诉孩子：

"爸爸妈妈因为相爱在一起。爸爸身体里的精子和妈妈身体里的卵子结合，那就是你啦，然后你慢慢地在妈妈身体里面长大，长到 40 个星期左右，你就从妈妈肚子里出来了。"

另外，还需和孩子做个小约定：

"这是我们之间的小秘密，不能告诉别人哦。"

家长要把握的原则是，孩子问什么，我们就回答什么！答案简单明确，孩子不再问，我们也不用深入解答。

★ 巧妙回答 6 岁以上娃

6 岁以上的孩子，Ta 们提问的目的绝不仅仅是"我是从哪里来的"这么简单，Ta 们是要真的知道"我是怎么进到妈妈肚子里的"！

即使这样，家长也不用大惊小怪，更不要批评孩子的想法。家长可以这样和孩子交流：首先要肯定孩子的提问行为。

"这是一个非常好的问题！妈妈很开心，说明随着年龄的增长，你在思考一些更深入的问题。"

然后很自然地、很淡定地告诉孩子：

"当爸爸妈妈相爱，我们就会拥抱和亲吻，因为拥抱和亲吻会让相爱的人感觉更加亲密。爸爸就会小心地把他的阴茎放进妈妈的阴道里，这样，爸爸阴茎里的精子就能进入妈妈的身体，与妈妈身体里圆圆的卵子结合。从此，你就被爸爸妈妈创造出来了，那是爸爸和妈妈一生中最美妙、最幸福的时刻。"

家长说话的时候，感情要丰富，态度要真诚。重点放在父母幸福的那句话上，然后再鼓励孩子一句：

"你如果有任何问题，都可以和我们一起讨论哦。"

以此向孩子示意，孩子与父母的交流通道永远是敞开的，父母愿与孩子谈论任何问题。这样，孩子的好奇心得到最大限度的满足，就不会再留意外面那些似是而非的信息了。

以上是提供给家长和孩子进行私密教育最行之有效的对话方法。当然，这些"悄悄话"什么时候说，并不一定以上面所列的孩子年龄层为严格的界限。私密教育是一个过程，需要一点一滴的积累。如果家长从孩子出生时起，就非常注重私密教育，那么这个问题回答起来，就会像上面那样轻松、自然。如果您的家里至今都没有一次正向的私密教育情景和对话，还请家长们多用用心，抓紧点时间，把之前落下的"私密教育"课赶紧补补吧。切不可亏欠孩子太久哦！

★ 重点重申一下，家长回答孩子问题的禁忌！

很多父母觉得很难像前面那样回答孩子，于是用各种各样的奇葩方式敷衍孩子，比如"像孙悟空一样从石头里面蹦出来的""从地里像刨红薯一样刨出来的""手机充话费送的"，最常见的就是"从垃圾堆里捡来的"！总之，回答千奇百怪。

殊不知，家长这样不靠谱的回答可能会给孩子留下心理阴影，不仅没有帮助孩子正确认识这个世界，而且剥离了亲子关系的紧密连接。孩子内心是无尽的失落、沮丧、自卑、孤独、愤恨，甚至是痛苦的。孩子会觉得，原来每天生活在一起的爸爸妈妈，和自己居然没有一点联系，亏得还把 Ta 们当成最最亲密的人，当成最最稳固的依靠。试想一下，孩子内心那种被欺骗、无依无靠的感觉，真的很崩溃啊！

如果家长仍然觉得难以启齿，可以选择配合绘本讲解，和孩子一起学习。我们都知道，孩子不与父母谈私密，并不代表 Ta 们不与别人谈私密！现在的信息如此发达，幼儿园小朋友、学校同学、年长的姐姐哥哥，还有电视、手机、Pad、电脑、书籍等，都是孩子获取信息的渠道。就算家长不告诉孩子，孩子只要想知道，也会从别人口中或其他渠道得到答案。

不要觉得孩子小，什么都不懂，就可以随意敷衍孩子。如果家长一再回避这个问题，一旦孩子从父母以外的途径得知这个令 Ta 们好奇的答案，孩子将很难再与父母开启这方面的交谈。甚至会在父母面前，隐藏自己的真实情感，这就为亲子沟通设置了一道看不见的屏障。为了帮助孩子树立正确的私密观念、永久维护良好的亲子交谈、保证孩子永远和家长畅所欲言，就要鼓励父母和孩子谈论私密话题。而且最可控最保险的做法，就是让孩子从父母口中最先得到答案。

常见问题巧回答

- 为什么爸爸的大肚子里没有宝宝？
- 男孩穿裙子会变成女孩吗？
- 我要和俊俊结婚了！

问题一

为什么爸爸的大肚子里没有宝宝？

孩子在爸爸的肥肥大大的肚子上蹦蹦跳跳。忽然问："妈妈的肚子里有弟弟，爸爸的大肚子里也有吗？"

大肚子爸爸此刻是什么心情呢？是因为胖而尴尬，还是因为没法回答而尴尬？又或者压根儿就没有什么尴尬。因为爸爸觉得，我的肚子里哪有什么弟弟啊，都是肥肉而已啊！

估计很多家长对这个问题，也不会想太多。再重新看一下孩子的这个问题吧，细心想一想就会发现，孩子并不是想知道爸爸的大肚子里到底有什么，Ta 想知道的是"爸爸的肚子里有弟弟吗？"这实际上是一道关于性别区分的题。

如果家长想清楚了问题问的是什么，还会回答孩子"爸爸的肚子里只有肥肉"吗？显然是答非所问，当然不会！所以，首先，家长要对孩子的话语有正确的解码。当家长学会从孩子频繁的问题中捕捉孩子的真实意图时，我们的私密教育就会更加顺畅，我们的亲子私密沟通就会升级升级再升级啦！

如果以后再遇到孩子对爸爸的胖肚子指手画脚时，请家长们做出快速识别，并可以选择和孩子进行下面的对话：

"爸爸的肚子里没有宝宝。我们人类的爸爸的肚子里都是没有宝宝的，只有和妈妈一样的女人才可以生小宝宝。爸爸的肚子里有一种东西叫精子，妈妈的肚子里有一种东西叫卵子，非常非常多的精子里只有一个能遇到妈妈的卵子，然后精子和卵子融合在一起变成很小很小的受精卵，像小黑点那么小。它在妈妈的子宫里游来游去，子宫就是宝宝的宫殿，那里温暖又滋润，受精卵就在这里安家落户了。随着时间一天天过去，受精卵变成了宝宝，而且随着宝宝慢慢长大，妈妈的子宫也像气球一样越来越大。到了整整十个月的时候，宝宝从妈妈的产道里滑了出来，来到了这个世界上。真是了不起啊！宝宝出生以后，我和妈妈两个人非常开心，看着你一天天长大。所以，正是因为爸爸和妈妈是不一样的，才会有宝宝来到这个世界上。"

讲这些"悄悄话"的时候，最好结合图片以便于孩子的理解。如果有异性兄弟姐妹，还可以聊聊孩子的身体与大人身体的不同：可以对比一下女儿和妈妈的乳房的不同，也可以给儿子解释一下和爸爸的生殖器大小不同，或者为什么爸爸的阴茎旁边会长毛。

家长还可以借助一个人的发展历程来讲。比如，人在孩子、中年人、老年人等不同阶段的身体特点。如果孩子有兄弟姐妹，还可以将孩子这个群体进行年龄层的细化，比如婴儿、儿童、青少年等。

当然借着这个话题，可以讲讲关于爸爸的那些故事。比如，在绘本《海马先生》中，就介绍了自然界中负责育儿孵卵的海马爸爸们。还有，狮子鱼被称作"鱼中的慈父"，狮子鱼总是一副威风凛凛的样子。它们努力保护、照顾着鱼宝宝，当鱼宝宝受到威胁的时候，爸爸会勇敢地保护它们。也可以带幼儿园的孩子去看电影《海底总动员》，其中演绎了一对小丑鱼父子的故事，就这样在欢声笑语中，把单纯的私密知识教育转化为爸爸与孩子间的情感深化链接。说到这里，爸爸们是不是有点跃跃欲试呢？

事实上，在轻松愉快的家庭气氛中，家长以轻松的心态对待，跟孩子进行随意的交流，让一切讨论都公开透明，根本没什么"禁忌话题"。这样，儿童的私密教育就可以随时随地、自然地贯穿于孩子的成长过程中。日后，万一孩子真遇到了麻烦，Ta们才会更愿意向父母敞开心扉，第一时间告诉家长。

如果家长总是绷着脸，一副严肃不可侵犯的样子，孩子会认为这些"话题"会让爸爸妈妈很不高兴！长此以往，孩子会因为害怕被家长责怪、惩罚而隐藏事实、隐藏自己的真情实感。家长对待私密话题的态度将会开启或关闭孩子对性话题的发问，以及是否能让孩子在合适的年龄参与到性的讨论中。

心理学家曾对单亲抚养、海员家庭以及父子长期分居两地的家庭进行调查研究，发现这些家庭中孩子们多表现为胆小怕事、易受惊吓、烦躁不安、哭泣不止、多愁善感、不活泼，甚至精神抑郁，这些症状简称为"父爱缺乏综合征"。

缺乏父爱对男孩影响会更明显。父亲是男孩的模仿对象，当男孩意识到男女性别差异时，就已经开始模仿父亲了。父亲的一举一动、父亲对母亲的态度等，深刻地影响男孩将来如何做一名男性、如何对待女性。对女孩来说，父亲几乎代表了整个异性，父亲对待女儿的方式会影响女孩在未来与另一半的亲密关系，进而影响她的生活方式和家庭关系。

家庭一定是由爸爸、妈妈、孩子构成的三角形，才会稳定。况且在私密教育中，妈妈是女儿性别意识形成的楷模，爸爸是儿子学习与异性相处的榜样。在孩子成长的过程中，父母双方都起着不可替代的重要作用。

问题二
男孩穿裙子会变成女孩吗？

小姐姐美美穿着漂亮的裙子在客厅里转圈，刚刚学会走路的小弟弟看到了也跟着一起哈哈大笑。弟弟一边鼓掌，一边去拽姐姐的裙子，要往自己身上套，美美哈哈大笑着说："裙子是女孩穿的，男孩穿了裙子就变成女孩了！"

首先，爸爸妈妈要十分肯定地、明确地告诉孩子：

"男孩不会因为穿了裙子就变成女孩，就像女孩不会因为穿了裤子就变成男孩一样。"

让孩子清楚地知道，男孩和女孩的区别在于 Ta 们的身体不同，而不是因为 Ta 们穿了什么。除了马上告诉孩子这句话之外，家长在生活中应该注意以下细节：

尊重孩子先天的差异　接下来，家长可以借机跟小朋友聊聊男孩和女孩身体的区别，具体器官的位置、正确的名称以及它们的功能，可以借助相关绘本和本书中的行动卡片。

如前面所说，家长要对孩子的话语有正确的解码！所以，每次对比孩子提出的问题本身，家长更应该重视、更应该深究的是，孩子为什么会问这个问题！

我们再来看一看，孩子为什么会提出上面这个问题？那是因为，在这个孩子的生活和认知中，只有女孩是穿裙子的。如果是生活在爱尔兰的孩子肯定不会问，因为那里的男人是穿裙子的，孩子肯定知道他们不会因为穿裙子而变成女人。

每个人生来都有男女之分，然而孩子长大后的性别意识和性别观念却不是与生俱来的，会受到父母、社会等外在环境的影响。

发挥父母的榜样力量　爸爸妈妈们是否还记得，当初得知怀孕的时候，大家就对孩子的性别有所期待，甚至在买什么颜色的婴儿用品中反复纠结。在得知宝宝的性别后，爸爸妈妈们会很自然地想象和规划着孩子的未来，比如，要给 Ta 买什么衣服、什么玩具、怎样布置婴儿房、起什么名字，等等，这些都是围绕特定性别的宝宝进行的。

孩子出生时，外人来探望新生儿，往往不敢随意猜测孩子的性别，因为新生宝宝的性别特征真的不明显啊！随着孩子慢慢成长，大家会发现，我家的女宝越来越有女孩样，男宝越来越有男孩样。这个时候的小宝宝，大家仅从模样上就可以做区分，而且正确率接近百分之百呢。

　　这时，家长会按照社会和自己的生活经验来养育不同性别的孩子。比如，给女孩买粉红裙子、扎小辫子；男孩剃短发、穿牛仔裤。即便现在的父母会给女儿买中性的服装，但仍然不会给男孩穿女孩的粉裙子。可见，家长在生活中的很多行为，都带有不同程度的引导作用。

　　父母双方性别的影响力对孩子性别发育起着举足轻重的作用。孩子一生下来就会受到养育者直观形象的影响，男孩天生就爱父亲有力的臂膀，女孩天生就爱妈妈温柔的怀抱，男孩和女孩都会模仿与自己同性的双亲。

　　避免性别刻板印象的不良影响　性别刻板印象，是指人们对男性或女性角色特征的固有印象，也叫作"性别标签"。通俗一点说，就是在社会印象中，男孩一定会这样，女孩一定会那样。比如，女孩喜欢哭、胆子小，女孩不喜欢打架，女孩多愁善感、比较脆弱，女孩喜欢说悄悄话，女孩的梦想是当老师、护士；男孩从来不哭、胆子大，男孩攻击性强、喜欢打架，男孩争强好胜、自尊心强，男孩喜欢大喊大叫、展现力量，男孩的梦想是当消防员、飞行员。这就是性别标签，它表明人们对性别角色的期待和看法。

　　研究发现，几乎所有 2.5 岁左右的孩子都有一些与性别刻板印象相关的认知。比如，这个阶段的孩子认为女孩从来不打架，女孩需要别人的帮助，喜欢玩娃娃，喜欢帮妈妈打扫卫生等。而男孩则与此相反。这种刻板印象在孩子 3—5 岁期间会迅速发展，在学龄前达到顶峰。孩子们会非常认真地要求自己按照性别刻板印象做事情，甚至只和同性孩子玩。

性别刻板印象对孩子发展的影响，随着孩子的成长会越来越明显。性别刻板印象通常存在以下三种消极影响：

1. 反向验证。

当个体感受到外在环境中存在消极刻板印象时，会由于担心和焦虑来反向验证这些消极刻板印象。比如，如果女孩一直听到"女生理科比男生差""女孩后劲比男孩差"，即使原本她的理科比男生好，也会因为这样的消极刻板印象而表现为理科成绩比男生差。

2. 影响孩子的自我认同和情感发展。

从小被教导"要坚强，摔倒了也不能哭"的男孩，在成年之后，通常不擅长释放自己的压力，因为小时候不能让妈妈看见我哭，长大了不能让伴侣看见我哭；从小被教导"要会照顾别人，要温柔，不能大喊大叫"的女孩，在成长中会一直做单纯、善良的"玛丽苏"，只等着英雄打败怪兽把自己救出去。

再看看当下有多少女性，"要么瘦要么死"，甚至患上厌食症。因为在她们心中，只有苗条的女人才有权利幸福。可见，在观念上中毒之深。

3. 明显的性别歧视。

性别刻板印象最终就是性别歧视。虽然比起我们的祖辈父辈，现在的父母越来越开明，然而在当下社会中，仍然存在性别歧视。比如，社会对"女强人""女汉子"赞赏有加——女人最好能文能武，带得了娃，养得了家！相对地，却不能接受男人表现出阴柔的一面——"娘娘腔""娘炮"。

从这些称谓中，我们可以明显地看出社会印象对男性特征的认可，对女性特征的排斥。由这种性别歧视带来的诸多问题，比如"女性不够果断、领导力不足"，导致现实中女性领导的比例大大低于男性。这些性别刻板印象的消极作用在深刻地影响着我们生活的方方面面。

我们知道，每个孩子都是独一无二的！要做到真正尊重孩子，就要破除性别偏见，尊重性别角色的多元性。不刻意引导，保持开放的心态，给孩子充分的机会去探索人类情感的不同面貌，让孩子长成 Ta 自己的样子。

问题三
我要和俊俊结婚了！

5 岁的朵朵从幼儿园回来，兴高采烈地跟妈妈说："我要和俊俊结婚了！"妈妈本来想一笑而过，忽然看到孩子认真的眼神，妈妈觉得似乎应该做点什么。

亲爱的宝爸宝妈们，如果换作是你，这时候你会怎么做，如何说呢？

成为孩子最好的倾听者　进入幼儿园阶段的孩子，会对之前在家庭环境中耳濡目染的爸爸妈妈的言行，以及家庭生活进行全面的模仿。家长需要知道的是，此"结婚"非彼"结婚"啊！朵朵小朋友口中的这个"结婚"，是Ta们模仿父母的一种活动，是对性别角色的认同。这也是孩子进一步社会化的表现。

爸爸妈妈们要先学会做孩子的倾听者，以亲切的语言、平和的姿态，了解孩子口中的"结婚"究竟是什么。再问问孩子：

"在你的眼中，爸爸妈妈的结婚是怎么样的？"

再和孩子聊聊"结婚开心吗""结婚以后要做什么"等话题。

当然，也可以顺着这个话题，对孩子进行"爱"和"责任"的教育。告诉孩子"结婚是因为爸爸妈妈很爱很爱对方，而且需要两个人勇敢地承担起责任"。

关注孩子的身体探索游戏是否安全　当看到孩子们玩结婚"过家家"游戏、"医生护士"游戏或是"爸爸妈妈"游戏时，家长要保持淡定。家长可以客观地描述事实，比如"哦，妈妈看到你们正在玩游戏"，接着请孩子们穿上衣服，再引入书籍、图片等方式，和孩子们一起认识男孩和女孩身体器官的差异。同时，也鼓励孩子提出 Ta 们的问题。

　　家长们要把握以下几点原则，确保游戏是安全的。

　　1. 常在一起玩的孩子，或是同学关系的两个孩子，会开心地互相分享游戏，并在双方同意、完全出于自愿的情况下，看对方的身体，尤其是 7 岁以下的孩子之间。

　　2. 孩子年龄相仿、差距在两三岁以内，身高和发育程度都相近，对外界事物的好奇程度大体一致。

　　3. 如果孩子中任何一方感到害怕、生气、退缩或变得有攻击性，就要时刻关注孩子间的身体探索游戏是否正常。

　　孩子对大人的模仿是孩子对父母的认同，是孩子社会化的必经过程。通过模仿 Ta 们认为的成年人的生活，帮助自己加深对成人世界的理解，为未来的生活做好准备。

第五部分

私密教育
关键期：小学

人人羡慕的"别人家的孩子"
究竟什么样

　　孩子上了小学，因为有了固定的学习任务，各种问题就会随之而来。而且目前绝大多数家庭，依然保持三口之家的家庭结构：家里只有一个孩子，家长就和这一个"小妖儿"斗智斗勇。所以，实在气不过的时候，家长最常挂在嘴边的感叹就是，"你看看那谁家的小那谁！"是的，我们永远在羡慕"别人家的孩子"，虽然我们也不知道"别人家的孩子"是不是真的那么好。

　　那么，我们就一起看看"别人家的孩子"什么样，孩子和孩子之间真的有那么大的差别吗？

★ 别人家的孩子一

　　7岁的豆豆在客厅玩机器人，出差好多天的爸爸回家了。忽然，客厅传来吵闹声："我不喜欢爸爸，你走，你走！"妈妈闻声赶来，见豆豆一把鼻涕一把泪，气哼哼地把头扭过去，爸爸在一边又恼又羞。妈妈问："怎么啦？"爸爸无奈地说："我没怎么啊！"豆豆却不依不饶："爸爸把我的机器人弄坏了，还吃我的饼干。妈妈让他走，让他走！"说完委屈地哭了起来。妈妈抱着豆豆安慰他，豆豆说："妈妈，晚上我要你陪我睡，好吗？"

专家解码

亲疏有度，培养孩子独立生活的习惯！

小学一二年级的孩子，非常依恋异性父母。女孩可能会对爸爸说"我长大了要和你结婚"，男孩则更加依恋妈妈，觉得妈妈最温柔最美丽。这个阶段的孩子，也会从各种途径看到成年人性举动的范例，Ta们会对父母之间的性行为感到十分好奇又害怕，甚至会模仿大人的性举动，做出非常亲密的行为。但是，这并不意味着孩子有"性早熟"或者"性异常"，Ta们只是单纯模仿大人的行为。大人可能觉得孩子的行为有些出格，但家长越是过度关注这些孩子的模仿甚至窥探，反而会导致孩子频繁地产生这些行为。

这个阶段的孩子要与之分房睡，做到父母与孩子亲疏有度。因为一味满足孩子的要求，就会忽略了伴侣。要让孩子知道，Ta在一天天长大，要学着自己独立处理事情，但爸爸妈妈依然爱Ta，会帮助Ta。这样就可以了。父母双方要共同帮助孩子练习独立生活的能力，保持好与孩子之间的界限。

尤其重要的是，父母睡觉时要锁好门，避免被孩子撞见性生活。告诉孩子，这是爸爸妈妈的隐私，是需要被尊重的，就像爸爸妈妈尊重Ta一样。

★ 别人家的孩子二

小学二年级的青青，班上来了一位新同学。他的眼睛大大的，睫毛弯弯的，每次下课青青都想找他玩。可是，他的身边总有其他女同学，青青有点不开心。

有位好朋友对青青说："我听到木木说，青青上课总说话，不遵守纪律。"青青听了很生气，大声说："我上课没有说话，Ta 们骗人！"

专家解码

尊重支持，缓解孩子的人际交往压力。

当孩子从幼儿园毕业，战战兢兢又激动兴奋地来到了小学一年级时，孩子们突然发现，学校的老师跟幼儿园的阿姨很不一样——老师好像很严格，会要求孩子们学习各种规则。学校里也有好多好多同学。

这个阶段的孩子不再是天天黏着父母的幼儿了，Ta 们更喜欢跟同龄的伙伴们玩耍，通过与同龄人的互动，来寻找自己的身份和位置，发展自我意识。开始经历同辈压力，对同伴的评价非常在意，经受不住同学的一点点指摘。对同学间的人际关系非常敏感，很在意谁跟谁是一伙儿的，常常心怀小担忧。害怕同学不够喜欢自己，害怕老师不够爱自己，学会了察言观色、主动讨好别人。

然而，这个阶段的孩子在人际关系上的起伏比较大，今天还称兄道弟的两个人，明天就可能因为一点小事闹别扭。有时还会因为大人不知晓的琐事而竞争或嫉妒，甚至反目为敌，好多天互不理睬，宝宝们真的很受伤害。

所以，在这个阶段，父母要注重培养孩子独立的性格，要学习遵守规则，学会自我控制。同时，鼓励孩子结交更多的朋友，学会尊重他人。家长可以通过情绪管理训练引导孩子正确理解自己和他人的情绪，并学习独立寻找解决问题的方法，协助孩子顺利度过这个敏感期，使孩子形成稳定的同龄关系。

还有一点需要提示，与幼儿园时期相比，父母会发现孩子们关于性的问题减少了。然而，孩子对性的不过问，并不说明 Ta 们不感兴趣，而是在 Ta 们的成长中受到外部环境的暗示，使 Ta 们感到性话题是种禁忌！家长可以坦然地告诉孩子，对性的好奇和关心并不是件羞耻的事，有问题可以问父母。如果父母无法回答，可以和孩子一起查阅相关书籍来寻找答案。

★ 别人家的孩子三

欢欢上小学二年级，妈妈最近很苦恼。每次辅导孩子功课时，都忍不住要发火。

"妈，这道题我不会，你教教我嘛！"欢欢又开始在作业上赖皮了。

"这不是很简单吗？来，妈妈教你。"欢妈耐心地开始讲解。

"可我还是不会。"欢欢直接倒在妈妈怀里，抱着妈妈不放。

"那妈妈再教你一遍？"妈妈咬了咬牙，问欢欢。

"我就是不会！"哇的一声，欢欢大哭起来。

专家解码

耐心陪伴，激发孩子内在的动力。

这个阶段的孩子,非常在意"我能"！在Ta们获得学习上的进步、人际交往中的认同时，家长对Ta们的一点点赞赏也会令Ta们很欣慰。相反，在自己无法完成任务时，孩子会有挫败感。如果家长、老师在此时批评、打击孩子，孩子将产生自卑感。长期积累的自卑感，会导致孩子不愿意与其他同学交往，而越来越被边缘化。

这个阶段的孩子对自己的认知是比较模糊的、不确定的，需要家长、老师不断肯定和发掘Ta们的能力，尤其是Ta们的创造力。这种创造力不是指孩子创造发明出多大的成就，Ta们会因为发现了手上的聚光镜在太阳底下能点燃叶子而欢呼雀跃，又或者Ta们学会了通过孵化器，发现了小鸡是怎么受精、怎么孵化、怎么破壳而出的全过程，而不是一屁股坐在鸡蛋上。这些"重大"的发现和发明创造都会让Ta们开心不已。

父母和老师要注重激发孩子内在的动力，去追求学业上的进步，满足孩子的认知需要，积极帮助孩子发展Ta们的身体和智力，尽量让孩子的生活丰富多彩。同时，要注意避免孩子学业负担过重，家长要学会家校平衡。

★ 别人家的孩子四

6 岁的琦琦最近总是缠着妈妈问："我是从哪里来的？"

"等你长大了，你就知道了。"妈妈漫不经心地答道。

"可我现在就想知道嘛……我为什么跟男孩不一样，是因为他们都是短头发吗？"琦琦依然不放弃。

"不是，等你长大了就知道了！"妈妈又重复了一遍。

"为什么？"琦琦还有很多问题要问，可妈妈总是爱搭不理的。

琦琦问同学："你知道你是从哪里来的吗？"

同学们说法也各不相同，有的说是妈妈从垃圾堆捡来的，有的说是妈妈从天桥边捡来的。孩子们还互相撩衣服，看对方的隐私部位。

老师说，琦琦和明明总在厕所旁边互相推。明明要把琦琦推到男生厕所，琦琦要把明明推到女生厕所。

专家解码

小朋友们已经开始有自我意识了！

小学低年级的孩子在自我意识发展上，与幼儿园时期相比，已经有了明显的特点。开启学校正规有序的学习生活，再加上社会活动范围扩大，来自于更多方面的反映与评价，促使孩子们逐渐认识自己。但这种自我认识还比较模糊，于是，Ta 们更加注重从身体等外部特征上加以认识和区分。所以，这个时候特别需要做好孩子们的性别教育和身体教育。此时的 Ta 们反复地向家长求证"自己是从哪里来"的目的，无非只是想了解自己跟其他同学到底有什么不同。

"熊孩子"养成记不过如此吧！原来孩子和孩子之间差别不大嘛。这回家长是不是可以松口气了，我们家的孩子也可能成为其他家长常挂在嘴边的那个"别人家的孩子"啊！小学低年级的孩子就像一棵棵着急长大的小树，Ta们勤奋努力地向上成长，难免遇到狂风暴雨，Ta们需要父母这棵大树的庇护。孩子的成长是从量变到质变的过程，家长要细心地呵护，耐心地等待，允许孩子慢慢来。孩子的生长发育都会遵循一定的规律，不同年龄段有不同时期的问题，但是家长对孩子的爱和教育是永恒的话题。

三个游戏反复巩固

　　游戏总是能让人体会到轻松和快乐，游戏也是人与人之间互动的最好方式。基于游戏的亲子沟通方式，是建立亲子间深情连接的桥梁。游戏过程中激发的活力和基于游戏产生的亲密感，可以让家长卸掉包袱，极大地缓解为人父母的压力。同时，父母和孩子一起玩游戏，可以让孩子感受到爱与平等。亲子游戏不仅可以"帮助家长进入孩子的世界，还可以帮助家长以孩子的方式重新建立自信和亲情"。

　　我们设计了三个关于私密教育的亲子游戏，通过简单易懂的词组连接身体器官，或者通过简单的信息猜身体器官等形式，把身体器官加以有趣的描述。特别要把生殖器官加进去，再多加练习，就可以让孩子对性的态度和观念有所改变。反复训练，家长和孩子都不再觉得"屁股""乳房""阴茎""阴道""精子""卵子"是污秽羞耻的代名词，让孩子知道"性"是个中性词。

　　这些游戏没有时间和场地的限制，简单易行又有效。家长和孩子们一起玩起来吧！

今日任务
脱敏游戏

🕐 时间：   😊 人物：

📍 地点：   ❤ 心情：

规则：妈妈说出一个"ＡＢＢ"的词（如亮晶晶），再请孩子说出一个身体器官（如我的眼睛），最后把它连起来。（我的眼睛亮晶晶）

时间：5min

小朋友想法：

游戏 1：性脱敏游戏

场景 家里

道具 无

时间 5 分钟

规则 家长说出一个"ＡＢＢ"的词，如"亮晶晶"。再请孩子说出一个身体器官，如"我的眼睛"。最后大家一起把它们连起来，比如"我的眼睛亮晶晶"。

可以试着来一次如下的对答游戏：

亮晶晶 + 我的眼睛 → 我的眼睛亮晶晶　　　红彤彤 + 我的脸蛋 → 我的脸蛋红彤彤

软绵绵 + 我的乳房 → 我的乳房软绵绵　　　圆滚滚 + 我的屁股 → 我的屁股圆滚滚

今日任务
身体教育小游戏

🕐 **时间**：　　　　　　　　　👤 **人物**：

📍 **地点**：　　　　　　　　　❤️ **心情**：

规则：准备若干张白纸，每张白纸写一个与身体器官及生殖器官相关的词，如阴茎、阴道、精子、卵子等。家长和孩子一起，家长可以看到词语，孩子需要通过动作或者语言猜，其中语言内不得含有词语中的字，也不能使用方言。

时间：10min

道具：白纸、马克笔

小朋友想法：

游戏 2：认识身体器官小游戏

场景　家里

道具　白纸、马克笔

时间　10 分钟

规则　家长准备若干张白纸，每张白纸写一个身体器官的名词，如耳朵、眼睛、屁股、阴茎等。家长和孩子两人为一组，其中一人可以看到词语，需要通过动作、口形或者介绍器官的用途让对方猜。要求语言中不得含有器官名称中的字，也不能使用方言等。

今日任务
保护好我们的身体

时间：　　　　　　　人物：

地点：　　　　　　　心情：

家长准备印有男女裸体的白纸，并发给每一个孩子。孩子在2分钟内，在男女的隐私部位画上衣服。

时间：3min
道具：白纸、马克笔
小朋友想法：

游戏3：自我保护小游戏

场景　社区

道具　白纸、马克笔

时间　3分钟

规则　家长准备印有男女裸体的白纸，并发给孩子。

请孩子在3分钟内，在男女的隐私部位画上衣服。

私密教育场景化设计，
培养孩子的思考能力

　　私密教育是融入到生活中的教育，父母是私密教育的第一任老师，但是父母不可能永远在孩子身边充当保护者。家长只有在生活中注重培养孩子的主动思考能力，才能让孩子在遇到情况时做出正确的选择和判断。

　　2013年美国性学家桑德琳教授就在 TED 中分享了《儿童与性，保护还是教育》这个主题。她分享了一段自己的亲身经历。有一次，她去同事家，同事 3 岁的儿子见她梳着超短发并穿着牛仔裤，感到很好奇。孩子观察很久后，问桑德琳："我能看下你的小鸡鸡吗？"

　　桑德琳觉得 3 岁的孩子能提出这样的问题非常了不起。因为她认为孩子在这个年纪，正处在努力了解世界复杂性的启蒙时期，Ta们会发现世界上有男人和女人。但是在启蒙阶段，孩子对每个人的性别会感到困惑和不解。所以，她认为孩子提这个要求，无非就是想确认一下自己的认知——短发穿牛仔裤的就是有阴茎的男人。

桑德琳分享这个故事是想告诉我们：对于孩子成长来说，重要的是成人应对这类问题的方式！

桑德琳是怎么回答的呢？她说："不能！因为我没有小鸡鸡，我是女人，我有阴道。"就这样简单直接地回复了孩子的要求。

孩子的思考能力是需要从小培养的，允许孩子印证自己的认知，也是鼓励孩子思考的方式。所以，让孩子保持思考的习惯，需要家长在回答孩子的问题时多一些耐心和引导。

★ 场景化设计，让孩子学会思考什么是危险的

家长可以设计不同场景，让孩子提出应对方案，并和孩子一起讨论利弊。

场景一

8岁的晓丽正在写作业，爸爸的同事李叔叔到家里来做客。爸爸妈妈在厨房做饭，李叔叔说："晓丽真是越长越漂亮了！叔叔给你买了一条新裙子，你把身上的裙子脱下来，我帮你换上新裙子。"这时，晓丽该如何回答比较妥当呢？

场景二

9岁的明明带4岁的妹妹去小区附近的超市买东西。超市老板说："我这里刚刚进了一批新玩具，你们要不要看看？就在地下仓库里。"明明和妹妹要不要去看看呢？

爱孩子，
就来一场说演就演的戏吧！

场景三

上学路上，7 岁的小明遇到一位见过几次面的叔叔。叔叔突然说要摸他的阴茎，并且拿新玩具跟他交换，小明该怎么办？

场景四

刚上一年级的小达在学校操场被几个高年级的孩子围住，有个大孩子要求隔着裤子摸他的阴茎，他被吓哭了。后来，幸亏他的同班同学及时救了他。小达在离开时，还打了一下那个要摸他的男生。这时候，小达怎么处理才是最恰当的？

让孩子学会勇敢说"不"！

第一个场景中，晓丽应该说："不！谢谢，我自己会穿衣服，我去厨房帮爸爸妈妈干活了。"说完，尽快跑去厨房。

第二个场景中，明明可以说："不！谢谢。我们不去了，没带那么多钱。"然后马上带妹妹离开超市。

第三个场景中，小明可以说："不行！我一定要告诉我爸妈。"说完马上离开，并和同学一起走。

第四个场景中，小达应该马上告诉老师，回家告诉父母。

★ 场景式保护训练是低年级孩子私密教育的有效方式

刚上小学的孩子，正是思辨能力形成的关键时期，Ta 们在三年级的时候才会从形象思维为主转变为抽象思维为主，并开始对概念有所了解。

而低年龄段的孩子对很多事情还没有形成概念，更别提对危险的识别度了。如要提高孩子的思考能力，就离不开生活当中私密教育的开展。比如，平时在家里，可以把超市、图书馆、火车站等人流量比较大的地方作为假想测试场地，进行场景式的保护训练。

★ 形式多样的家庭练习方式

1. 充分利用绘本方式，引出场景化，让孩子学会思考。同时学会说出自己的感受以及会拒绝自己不喜欢的事情。

2. 选择优秀的动画电影，用孩子喜欢的方式交流。

3. 设计各种角色扮演，通过模拟生活场景，让孩子在真实的生活场景中体验和感受，思考出更好的应对方法。

随处可见的
私密教育场景

　　之前，我们做了几个场景化的设计，启发低年级的孩子学会思考如何避免危险，比如，在家里、在上学路上以及在学校。同时，我们也可以做一些其他场景设计，比如在大超市、图书馆、火车站等人流量较大的环境下，我们也要学会和孩子之间的私密话题交流。

在图书馆遇到性教育书籍

8岁的小燕跟着妈妈去图书馆。小燕突然拿起一本《我们的身体》对妈妈说："妈妈，你看，这个好好玩，还有羊水袋。"

如果你是小燕妈妈，这时你会怎么做？

小燕妈妈就做得十分得体。她说："你观察得真仔细！如果你喜欢，我们可以借回去看。我们可以一起探讨这个话题。除了羊水袋之外，你还发现什么了？"

大家一定要清晰地认识到，全面的私密教育不仅仅是生殖及性行为，还包括价值观、感受、情绪、认识自己的身体。即使是性关系，也是一种社会化关系。私密教育就是要帮助孩子树立正确的私密观。

火车站：学会自我保护很关键

9岁的晓雨跟妈妈外出旅游。火车站里人很多，晓雨妈妈临时去买食品。

邻座有个大叔看到晓雨一人坐在位置上，就伸手摸了晓雨的臀部。晓雨没敢反抗，那个大叔却更加猖狂，还将手往晓雨内裤里伸。突然，晓雨闻到一股烧焦的味道，大叫了一声。晓雨妈妈正好回来发现晓雨被猥亵了。

这个案例再次提醒我们，家长平时一定要注意对孩子的私密教育，学会在火车站等公共场合，如何保护自己。晓雨完全可以大叫一声"你干吗"，发现不对劲就赶快离开，然后找火车站工作人员来解决问题。

每个孩子的思维发展都不一样，有些孩子发育比较快，有些孩子发育比较慢。家长一定要记住，家是练习场！公众场合就是挑战我们家长私密教育成败的一个检验场。遇到问题，不要一味责骂孩子，家长需要在生活中融入私密教育，让孩子有界限感，学会拒绝，学会寻求帮助。

逛超市遇到安全套

6岁的小明跟妈妈逛超市。结账的时候，他指着安全套说，我要草莓味糖果。

如果你是小明妈妈，这时候会做何反应？尴尬，不知道该怎么说，还是尽快劝阻孩子放下，然后迅速离开超市呢？

其实，6岁的孩子并不知道这个是用来做什么的，安全套花花绿绿的外包装也会影响孩子的判断。如果家长遇到这种情况，可以淡然处之，不用反应过激。因为在6岁的孩子眼里，它就是糖果。如果孩子追问，家长可以说"这是大人用的东西"。如果孩子很想知道是什么，家长可以说"回家后会告诉你"。

猝不及防的亲热戏怎么破？

　　乐姐和老公还有 6 岁的儿子坐在沙发上看电视。正看得入神，突然老公发出几声奇怪的咳嗽声。原来，电视里正播放男女主角亲热的镜头。老公咳了几下，为避免尴尬，索性起身假装去卫生间。乐姐看着儿子目不转睛地盯着电视机屏幕，还时不时眨着大眼睛，问："妈，Ta 们在干什么？"慌乱之中，乐姐一心只想想办法打岔。

　　换频道？开溜？尴尬就这么猝不及防地来了，作为父母，我们究竟该怎么办？

★ 第一招，宜疏不宜堵。

　　首先我们要知道，给孩子做出正确引导，比一味选择换频道逃避要有效得多。

　　是否还记得，在我们小时候，每次电视上有拥抱、亲吻的镜头，爹妈都会以迅雷不及掩耳之势迅速换频道。亲热镜头，仿佛洪水猛兽！虽然在以前，能看到这样镜头的机会不是很多，但是，如今的电影、电视剧里，男女主角动不动就撒狗粮的戏，总是来得猝不及防啊！

换频道、逃避、打岔，这些方法"堵"得了一时，"堵"不了一世，也让我们失去了和孩子谈"性"的机会。

一方面，家长越逃避，孩子越好奇。孩子会始终好奇，刚才到底发生了什么，为什么要换频道？甚至在日后的生活中，孩子会特别留意类似的事情。

另一方面，这些"堵"的方式也会让孩子对亲密行为产生误解，认为表达爱的亲吻和色情一样都是错误的，甚至在成年后，会觉得异性的接触很恶心，拒绝恋爱与婚姻。

所以，我们不妨尝试这样做：

我们要深信，在孩子眼中，那些画面就只是画面本身，不会有大人看到后的引申义，家长不必对孩子做大是大非的解释。

同时，作为家长要诚实表达自己的感觉，不要假装"自然"。不管是口渴还是换频道，父母其实都是在试图掩饰自己的尴尬。如果你是开明的爸爸妈妈，建议不要掩饰自己的尴尬，因为孩子是可以"看穿"你假装出来的镇定的。我们可以直接跟孩子说："看到Ta们在电视里亲亲，妈妈／爸爸感觉有点不好意思呢。"总之，诚实表达自己的感觉，也可以问问孩子，"是不是跟妈妈有一样的感觉？"感觉是我们与生俱来的本能，孩子都是很好的感知者，相信孩子跟你有一样的感觉。

接着，再跟孩子解释为什么会有这种感觉，因为亲热拥抱是我们的私密行为，每个人都有隐私，隐私是值得被尊重的。

相信孩子会明白，人类有爱情，相爱的男女之间有肌肤之亲，这种情感的交流能够给相爱的人带来幸福的感觉，这是人类最美好的情感。当然，这种交流自然会让孩子建立起一种隐私意识。

★ **第二招，分情节对待。**

这个就要敲黑板画重点了：

当孩子看到的还不是色情、暴露或者暴力，仅仅是拥抱、亲吻的镜头时，我们不必换频道，只要告诉孩子，这是一种爱的表现即可。

一旦孩子看到的是带有色情、暴露甚至暴力的镜头时，家长也要先按捺住惊慌失措的心情，我们要严肃地、清楚地、勇敢地向孩子传递我们对这种行为的看法。此时，我们有义务引导孩子知道，什么是正确的，什么是错误的。

比如，看到暴力行为的画面，我们要明确告诉孩子，这是错误的。因为每个人的身体都由自己做主，谁都不能强迫任何人做任何事情。如果别人侵犯了我们，我们首先要学会自我保护，或者尽快向家人或可以信任的人寻求帮助。

又比如，看到过于裸露的画面，我们要明确自己的态度，告诉孩子这是错误的！每个人都有自己的隐私部位，不能给别人看，也不能看别人的隐私部位。向别人暴露自己的隐私部位是极其不文明、不礼貌的，是一种对别人不尊重的行为。

★ **第三招，情境教育。**

最有效的儿童私密教育，就是情境教育，所以，我们一定要学会抓住这样"难得"的机会。

有的妈妈说，现在的孩子很成熟，Ta们什么都知道，家长不必多说。但是，孩子"知道"，就可以不用提及吗？

答案显然是"不"！

孩子获取认知的渠道不确定、认知的准确性不确定，甚至那些认知对孩子的影响是积极的还是消极的，我们也不能确定。

所以，家长在遇到这种情况的时候，还是要学会主动和孩子聊，给孩子传输准确的、科学的知识，减少不科学的认知对孩子的恶劣影响。

不妨和孩子就电视内容随便聊聊，可以聊聊亲密关系和尊重的话题。将对话的焦点放在电视内容上，而不是现实人物身上，会给双方减轻不少压力。

如果镜头里出现了一些不愉快的或者暴力场景，这时候可以借机向孩子传递你们在爱情、性和亲密关系这些方面的态度。你们赞成的，或者是反对的，都可以让孩子了解。

试想，一家三口此时围坐在一起看的电影或电视，不正是给家庭提供了很好的教育情境嘛！

所以，父母应该注意，对于孩子看电视遇到亲热镜头这个问题，"宜疏不宜堵"，要分情节对待。而且，要在当下立刻进行情境教育，这样比事后去做孩子闯祸的补锅侠要好得多哦！

事前恰当引导，防患于未然十分重要。否则，可能当下孩子"不方便"表现出好奇心，但事后也许会通过其他渠道了解，难免适得其反。

当然，宝宝还小的话，最好还是不要和大人一起追剧了！

缺少私密教育
会影响孩子的学习成绩吗？

　　小明今年10岁，在读三年级。他成绩一直不错，但不太自信。有一天，他发觉自己喜欢学习委员小雅。小明对自己的感觉很好奇，想表白，但自己不够自信，可是又控制不住自己的想法，上课时总偷看小雅。小明成绩下降很快，从班级的前三掉到了前十。

　　从案例中，我们可以知道，私密教育还涉及自我尊重和自我界限的问题。小明虽然成绩好，但对自己不太自信，自我价值感比较低，总在犹豫徘徊，导致精力分散。所以，他的成绩下滑很快。

　　孩子到了三四年级的时候，会对异性产生好感。可有的孩子对异性有好感却不敢靠近，当Ta这种好奇感得不到满足的时候，就会一直惦记。如果Ta始终想着这件事情，心里总是忐忑不安，精力就会分散，直接影响学业。

　　如果孩子之前接触过私密教育，就能正确看待自己的好奇心，知道自己发育到了这个阶段，就会理解这是一个人的正常性发育过程和性行为。

所以，在这里再次重申：私密教育是一个连续性的行为，不要等到孩子到了一定年龄再讲这些话题。连续的私密教育会让孩子更容易理解生命。

在长达两千多年的传统文化影响下，在社会本身私密教育缺乏的情况下，大多数人依然认为"性"是色情、是下流的，谈"性"色变。可是，现在的孩子大多成熟较早，如果没有正确的私密教育，孩子就可能通过网络等更方便更隐秘的渠道去了解私密教育。这样反而刺激了孩子的好奇心，更有甚者会觉得好玩而模仿。

缺少私密教育带来的负面影响越到高年级越明显。因为高年级的孩子有些已经到了身体发育阶段，同时开始有了青春期性萌动。Ta们经常被自己的困惑和不解所困扰，不明白自己的身体发生了什么，也不知道为什么会这样，甚至排斥自己的身体变化。如果没有正确的私密教育引导，孩子的成长很容易走偏，学习成绩也容易受到影响。

手机的普及让学生接触手机的概率增加，Ta们会利用网络进行"自学"。但是这种"自学"是否就能完全解开Ta们的疑惑呢？答案当然是否定的。大家多是知其然不知其所以然，从而导致很多"意外事故"无法避免。这也势必影响孩子的正常学习和成长。

另外，因为私密教育的缺失，在孩子遭遇校园暴力时不知道如何求助，或者知道向老师求助，可一旦没有得到很有效的帮助，孩子会有巨大的失落感。

没有经历过科学和正确私密教育的孩子也不能很好地处理自己与他人的关系。关系处理不好当然会影响孩子的学习状态。这些都是影响孩子成绩的隐患。

"不好意思，我的世界只有 100 分！"

"居然，用分数羞辱我……"

被孩子出人意料的问题难倒，
如何补救？

孩子真是天生的梦想家，Ta 们天马行空的思维就像不是这个星球的生物一样。"提问？""回答！"这是日本动画片《聪明的一休》里的经典对白，这句念叨了多少年的对话，却成了我们生活中的真实场景。只是孩子成了"大将军"，父母成了"一休哥"。

孩子的问题特别多，又千奇百怪。可总体来看，小孩子的问题特别简单直接，Ta 们的诉求就是要知道"是什么"。而大一点的孩子就复杂些，Ta 们想知道"为什么"。

请大家简单回忆一下，孩子从小到大问了哪些问题？家长又是如何回答的？

比如，"车轮为什么是圆的？""大树为什么往上长？"天哪，这不是活生生的牛顿转世吗？当初牛顿为了那个掉下来的苹果，冥思苦想了好久，最终发现万有引力定律。虽然最后，这件事情被定性为"编造"，但是这种善于从普通当中发现伟大、对问题寻根究底的精神，绝对是符合科学家气质的。

可是，孩子的问题不都是只考想象力的，还有些问题回答起来真的难以启齿啊！比如，"妈妈，为什么你的屁股会流血？""爸爸，为什么你要站着尿尿？"这些看似简单的问题，却难倒了无数英雄的父母们。

接下来就让我们看看还有哪些刁钻的问题，提前预习一下总是好的，以备"不测"！

★ 孩子对身体构造的疑惑，家长如何回答？

当孩子问这些问题时，家长会觉得很害羞，也会觉得孩子还小，即使说了也听不懂，还不如随便说一句话敷衍过去。有的家长问，孩子为什么会问这些问题？因为孩子不懂才问啊！孩子的逻辑就是这么直线不拐弯，想通了这个道理，家长是不是有点豁然开朗呢？

所以，家长不必过于紧张，不要听到问题就火冒三丈，也不要批评孩子"不要问""不该问""不能问"，而是要用温和而坚定的态度引导孩子。

问题1："为什么男孩站着尿尿，女孩蹲着尿尿？"

家长可以很大方、自然地这么回答：

"因为男孩和女孩的身体结构不同，有不同的小鸡鸡。男孩的小鸡鸡是长在外面的，就是阴茎，可以把尿射得很远，这样裤子就不会被尿湿了；女孩的小鸡鸡是长在里面的，没有阴茎，尿直接从尿道里出来，蹲着尿尿，就不会把漂亮的裤子弄湿。"

同时，家长可以拿着人体器官示意图对孩子进行演示，告诉 Ta

男孩和女孩的区别。家长还可以在孩子洗澡时更形象地讲解身体结构。

家长需要保持平和的心情，避免自己的情绪吓到孩子。要让孩子感受到，问这样的问题很正常，回答这样的问题也很正常，这是一个正常的可以交流的话题。

问题2："妈妈，我可以和你一起洗澡吗？"

如果是4岁前的孩子问家长这样的问题，家长不能直接拒绝："不行，不能和妈妈一起洗澡，因为你是男生，不能看我们女生洗澡。"因为孩子只是对异性父母的身体好奇，只是想看一看而已。这时，家长可以很大方地回答：

"可以呀，我们一起洗澡吧。"

其实，亲子共浴是一个很好的私密教育方式，家长可以利用这个时机，教给孩子很多有关人体器官的知识。什么时候可以停止亲子共浴呢？当孩子五六岁以后，不再提出要和父母一起洗澡，或者开始有些抵触时，就是停止亲子共浴的时候了。

问题3："为什么小明哥哥长了一个小鸡鸡，可是我没有呢？"

首先妈妈不要批评孩子问问题，而是鼓励孩子认真观察。妈妈先给予肯定："宝贝，你观察得很仔细啊！"然后，家长可以大方得体地接着说：

"其实，男孩女孩都有小鸡鸡，只是男孩和女孩的身体结构不同。男孩的小鸡鸡长在外面，能看到，而女孩的小鸡鸡长在里面，看不到。

这就是男孩和女孩的区别。"

当家长这样回答孩子后，孩子会很满意家长的回答，然后就开心地玩去啦。

★ 孩子侵犯别人，怎么办？

问题1："小明妈妈，今天你家小明掀女生裙子了！"

听到这个"骇人听闻"的消息，家长做何感想？是不是想揪着孩子的耳朵赶紧回家教训一顿再说？先别急，让我们先来看看孩子为什么会这样做，行为背后真正的原因是什么。

幼儿园的孩子或者刚入学的孩子，总是对遮住的东西充满好奇，这与色情无关。除了喜欢掀裙子，Ta们还喜欢藏在窗帘后面玩躲猫猫。这是孩子成长过程中很正常的表现，家长不用过于担心和焦虑。所以，先想象一下和孩子在家用窗帘玩躲猫猫游戏的快乐场面吧，那样你的心情会好一些。

有的家长不由分说先劈头盖脸批评孩子，孩子有可能还会反驳："我没有掀别人的裙子，是小林掀的！"估计这时候妈妈已经被孩子气炸了，没想到孩子竟然还会撒谎。结果导致事情发展得更加严重——孩子撒谎。

这时候，妈妈应该心平气和地先和孩子谈谈，可以用共情的方式：

"宝贝，今天你掀女孩的裙子了，妈妈不责怪你，我想你一定是因为很好奇，才去掀女孩裙子的，对不对？"

当孩子被深深地理解，而且发现妈妈并没有责骂他，孩子会放下戒备心，愿意和妈妈一起聊聊这件事。接下来妈妈可以引导孩子：

"宝贝，内衣裤遮盖的地方都是隐私的地方，不能给别人看。当然你也不能看别人的隐私。小女孩穿的裙子遮盖起来的部分就是她的隐私地方，绝对不能看。你想想，今后你该怎么做呢？"

孩子一定会很爽快地回答："今后我再不会掀小女生的裙子了。"

所以，当孩子掀别人裙子时，家长可以用温和的语气和孩子交流，并借机跟他重申一下要点：

"每个人的隐私部位都是不能让人摸或碰的。除了爸爸妈妈在你小时候帮你洗澡时可以看，还有医生、护士为你治病时可以看，其他任何人任何时候都是不可以看的。如果有人看了你的小鸡鸡，一定要告诉爸妈。同时，女孩穿着裙子，被裙子遮盖的隐私部位，也是不能给别人看的。"

问题2："为什么不能乱摸女孩？"

这个问题可以借助绘本《不要随便摸我》来告诉孩子：

"每个人都有隐私，内衣遮盖的地方是绝对不能碰的。尤其女孩身体的每个部位都是不能让人随便碰的，因为你这样做会让她觉得不舒服。你的身体也一样啊，你不愿意，别人就不可以摸你。因为别人摸了，会让你觉得不舒服，对吧。如果有人强行摸了你，你要回来告诉爸爸妈妈，或当时就要大喊'救命'，让老师和大人来保护。记住，我们的身体都是不可侵犯的。"

家长还可以和孩子进行角色扮演：妈妈扮演小女生，孩子扮演小男生，摸对方身体时，看看对方的反应和应对方式。然后家长再引导，在情境中学习，这是给孩子进行私密教育的最好办法。

　　这个阶段的孩子们正处在性欲的潜伏期，易受他人或网上信息的影响，很容易接触一些有关私密的不正确信息。Ta们此时需要在父母的帮助下深入了解性别角色，学习正确的私密信息知识和生命的起源等。最好的方式是抓住日常生活中的小机会，将私密教育融入到生活的点滴当中。比如电视节目中刚好出现了亲热镜头或者看到报纸上的小故事，都可以借机进行私密话题交流。只要家长掌握一些小方法和小技巧，就可以轻松应对孩子提出来的尴尬问题。

父母不在身边，
要向谁求助？

7 岁的晓媛放学后，和同学在小区公园玩。突然，来了一个戴帽子的中年男人。他问晓媛："小朋友，你知道 G100 栋在哪儿吗？"边问边摸晓媛的脸，让晓媛觉得很不舒服。晓媛下意识地马上跑开，跑到小区的保安亭，对保安叔叔说："有个怪叔叔问我路，却用手摸我脸。"晓媛指着不远处的"怪叔叔"，那个中年男人见保安望向这边，急忙走了。

当孩子进入小学阶段，因为有一定的独立能力，所以 Ta 们的活动范围变大，Ta 们的人际交往圈子也扩展到同学和邻居，也有了许多和同学、朋友独自玩耍的机会。家长应该在这时建立一个可靠的同盟军，和孩子一起列出一份"安全信任圈"的名单。告诉孩子，如果遇到一些难以说出口的、可怕的信息时，可以去找名单上的任何人，这些人会相信 Ta 说的话。如果她碰到一些感觉不舒服的事情时，也可以直接找这些人或者给 Ta 们打电话。

这些人应该是孩子容易接近的、有固定的互动机会并且了解孩子的可靠人选，这些人愿意听孩子说话、相信孩子、在孩子需要时会伸出援助之手。

★ 社区资源

俗话说，远亲不如近邻。平时，家长要留意获取社区的支持资源，带孩子在小区活动时，可以主动向邻居的宝爸宝妈、保安、大楼的管理员和物业管理委员会的成员打招呼，介绍自己的孩子，并询问孩子对这些人的印象。使周围的人对家长和孩子留下深刻印象，让孩子和这些人之间能够相互熟悉。

★ 家庭友人

在家人和朋友之间，保持良好的沟通和交往。同时，要主动了解孩子的朋友，知道孩子喜欢的朋友是谁，以及为什么会喜欢 Ta 们。家长要尽早了解孩子朋友的家庭，可以邀请 Ta 们一起吃饭、远足，增进家长之间的相互了解。

当孩子独自去朋友家玩的时候，双方的家长要定好清晰明确的基本规则，要知道 Ta 们和谁一起出去、去哪里、做什么、何时接，或安排对方父母在约定时间送 Ta 们回家等。

★ 辅导老师

经常与老师沟通，包括班主任老师和学校专业的辅导老师。当孩子承受情绪上的压力，尤其是受到困扰甚至侵害的时候，有时并不愿意表达出来。此时，家长一定不能强迫孩子，即使孩子愿意面对伤害并讲述出来，如果家长没有把握做好后续的工作，建议立即咨询专业的辅导老师。专业的辅导老师可以帮助孩子通过非语言的形式，如音乐、绘画、手工、舞蹈等艺术形式，来释放情绪和压力，并能够预防和发现孩子的潜在问题，做出专业的评估，以帮助孩子避免再次受到伤害。

★ 陌生人帮助

如果孩子在家庭和学校之外活动，来不及求助"安全信任圈"名单上的人，要告诉孩子可以找街边商店的店主。因为店主一般是固定、长期营业的，比较注重信誉。如果在马路上求助，要首选女性，因为女性会一直把孩子带在身边直到孩子安全。

注意，"安全信任圈"名单要包括数位成员，而不是只有唯一的名字。因为性侵者有可能是家中的某个成员、某位专业人员、照顾者或孩子熟识且信任的人。

先将名字列出来，之后征求孩子的意见是否愿意将这些名字列入"安全信任圈"内。"安全信任圈"名单要和孩子一起拟定，如果孩子不愿意加入某人的名字时，家长要留意并询问清楚原因。

然后，要按照"安全信任圈"所列名单，和当事人沟通。可以告诉Ta们，这是一份学校作业、一项培养孩子独立生活技能的计划，并向对方介绍清楚这个角色的任务是什么，请Ta们表明立场。家长要特别注意对方回应时的声音和身体语言，有些人可能犹豫不决，这时，请不要强求，一定要保证孩子在需要有人帮助时，能够找到合适的人选。

当孩子选定"安全信任圈"名单，并且征得对方同意后，写下Ta们的名字和联络电话，将这份名单贴在靠近电话机旁、冰箱旁或者其他方便孩子看到和取到的地方，最好让孩子随身带一份。

妈妈说，
初潮是女孩开始绽放的时刻！

　　10 岁的梦迪放学回家，告诉妈妈肚子疼。妈妈说："你肯定在外面吃了不干净的东西，是不是又喝冷水了？"梦迪说没有，可心情很低落，没吃晚饭就睡觉了。半夜，梦迪的肚子疼不但没有好转，好像还有尿溢出的感觉。梦迪赶紧冲进厕所，才发现是血。梦迪吓坏了，又不敢对妈妈说，一个人熬到天亮。从那以后，每次梦迪来月经，总感觉丢脸、麻烦、厌恶，心情也非常低落。原来那个活泼外向的阳光女孩，突然变得内向、不爱表达，整天闷闷不乐，还经常为额头上的几个青春痘而苦恼。

　　女孩第一次来月经，被称为月经初潮。初潮代表女孩生长发育开启了一个重要阶段，是女孩青春期到来的重要标志之一。从生理学来讲，初潮表明卵巢开始有了功能，原来在卵巢皮质中的成千上万个滤泡逐渐开始发育成熟，身体的内分泌系统也升级了，这些都为一个女孩的成熟做足了准备。

　　青春期的身体变化是生命的自然规律，家长和孩子应该为此感

"女儿，你又长大了！你是妈妈心中那朵最美丽的花，从今天开始，妈妈看着你尽情绽放。"

到高兴才对。就像当初孩子会爬会走会说话一样，都是生命体内在发育的重要阶段，是生命的勇往直前，是值得庆祝的。我们经常把女孩比作一朵娇艳的花，此刻，妈妈就应该欣喜地对女儿说："孩子，你又长大了！因为你有了初潮，就足以说明一切。你是妈妈心中那朵最美丽的花，从今天开始，妈妈看着你尽情绽放。"

美好的生命时刻就应该认真对待，值得被铭记，而不是被嫌弃。可是初潮却给很多女孩带来恐惧和厌恶的体验，别提什么美好了，简直就是困扰。就像梦迪一样，经历了恐怖的初潮之夜，试想那一晚，孩子的内心多无助多沮丧。原因就在于无知——妈妈对私密教育的无知、孩子对私密问题的无知。如果以这样的情绪体验来经历月经初潮，在未来的三十多年里，在每个月固定的那几天，是不是只有压力和痛苦？如此，请别说什么幸福和美好，因为它们真的离我很远！

像梦迪和妈妈这样的情况，在现实中并不少见。妈妈不知道如何给孩子讲初潮的事，所以没提前告诉她，造成孩子对月经不了解，导致梦迪很长时间处于自卑的情绪中。其实，梦迪心里很清楚，不是妈妈不够爱她，只是妈妈的爱里缺少点什么。

初潮是女孩绽放的开始，但是生命本就是喜忧参半的，肚子疼、乳房胀痛、头痛等身体各种不舒服也会随之而来。所以，妈妈们一定要多留意、多关心孩子的情绪波动和内心的状态。

那么，作为妈妈，如何提前给女儿讲月经初潮那些事儿才不会尴尬呢？这里有几个实用的小技巧。

★ 让孩子在故事中提前了解月经初潮的样子

女孩到小学三年级左右，妈妈就应该和女儿一起做好心理准备，随时迎接这个成长的重要时刻的到来。家长可以在这时准备一些讲述关于身体发育、关于月经的绘本，和孩子一起读，像讲故事一样告诉她：

"女孩身体里都有一个可以生育孩子的圆圆的器官，叫作子宫，就是你小时候在妈妈肚子里住的小房子。子宫也需要不断发育成熟，就像苹果和梨需要栽培呵护才能成熟一样，子宫成熟了才能给小宝宝提供住所和营养。因为女孩有子宫，长大了才能当妈妈。这对女孩来说，是一件多么幸运的事情啊！"

"那个圆圆的子宫里覆盖着一层薄薄的膜，为了保持小房子的绝对干净卫生，这层膜每个月都要脱落一次，再长出新的膜。就像家里的墙壁要重新粉刷一样，房子里总是干干净净的。当然，内膜脱落的时候会伴随出血的情况，一般会持续一周左右。你不用担心，这是很正常的出血，不会因为流血过多而死的。所有的女孩都要经历这样的阶段，我们通常把这段经历叫作月经，就是一个月经历一次的意思。这也说明你开始长大了。"

妈妈别忘了再适时地补充一句：

"月经周期内还会让女孩减肥、让皮肤变好呢！"

故事就是这样神奇，让孩子在充满爱和宁静美好的想象气氛中学会了一切。这总比让孩子在懵懂无知的状态下，突然看见一摊血，要自然有爱多了吧！

★ 尽可能消除孩子的心理障碍

妈妈可以和孩子这样聊一聊：

"女孩进入青春期，身体都会发生变化，月经就是其中之一。这是很正常的事情，所有的女孩都有相同的经历，妈妈也是这样的。不要觉得不好意思。"

妈妈还可以跟孩子分享自己第一次来月经时的情景和感受，这样可以让孩子放松，有效安慰孩子的情绪。孩子在妈妈的真实经历分享中，可以感受到："噢，原来妈妈也是这样的，也会因此又开心又烦恼，这是很正常的事啊！"这样，孩子自然而然就做好了心理上的充分准备。

女孩初潮是生命成长的重要一步，值得纪念。妈妈可以带女儿到外面庆祝一下，这可以给孩子留下开心愉快的印象，而且很有仪式感。但是这个活动是否可以带上爸爸，最好征得女儿的同意。这是私密教育环节中很重要的节点，也是再一次让孩子加深对男生女生的区别认同。

在庆祝的过程中，妈妈也可以加入一些细小的不易被察觉的提示环节。比如，妈妈可以故意在看电影之前点个冰点，然后在拿到冰点的时候做出很夸张的惊讶表情，说："对不起，宝贝，我忘了你现在不能吃凉的！妈妈也很想吃，下次吧，一定来个更好吃的！"甚至可以把已经买到手的冰点友好地送给别人。这样会让女儿知道经期是绝对不能吃凉的，而且会让她印象深刻。但是提醒妈妈们，千万别忘了约定好的那个更好吃的冰点啊！一定要说到做到。

也可以送给孩子一个小礼物，我们的建议是可以和孩子一起到超市，在卫生巾的货架前一起挑选。可以一边挑，一边和孩子聊聊卫生巾的用法，以及妈妈都用过哪些卫生巾，可以通过自己的经验给女儿更多的建议。

如果征得女儿的同意，最后就可以带上爸爸一起聚餐啦！

总之，让孩子感受到，初潮是一个值得祝贺的成长阶段，孩子就会学着慢慢放松心情、坦然面对，不担心，也不害怕，更不会自卑。

家长千万不要以为，什么事情都可以用不理不睬的方式淡化恶劣的感受，有的时候，家长的不理不睬就是一种对生命的冷漠，更何况对待女儿初潮这件事呢？

★ 帮助女儿和月经和谐相处

月经初潮是身体发育的必然，是青春期的标志。可是，成长一定伴有"痛"，比如腰酸、嗜睡、疲劳、乏力、头痛等身体不适。所以，孩子需要家长帮助她们学会如何与"成长痛"和谐相处。况且孩子要和它相伴至少三十年！

1. 经期的着装

这个年龄段的孩子已经进入爱美的年纪，也有自己的审美偏好。但是在这个时期，妈妈们要引导孩子选择保暖、深色耐脏的衣物。而且裤子一定要高腰，不能前露肚脐、后露命门，必须注意保暖。同时提醒孩子，在经期出门要记得随身带一条大围巾。一旦裤子弄脏了，可以用围巾遮挡当作装饰，不至于令孩子尴尬。

2. 经期的饮食

孩子都喜欢雪糕、冰激凌、冷饮等食物，但是在经期，妈妈应提醒孩子避开这些食物。冷饮会直接导致痛经，而且经期受凉还会产生血块。妈妈可以给孩子分享自己多年经期保养的小技巧，可以教孩子做经期专用保养美食，比如炖四物汤、当归煮鸡蛋、红糖鸡蛋，等等。妈妈和孩子一起感受生活中的温柔对待，是非常美好的生命状态。

3. 经期的卫生

妈妈们需要教会孩子在经期的生活细节。

比如，在经期要保持身体清洁，每天洗澡，淋浴是最好的选择，切记不能坐浴，否则会感染；告诉孩子，不管是不是经期，大便后一定要从前往后擦，这样也会避免感染；告诉孩子，月经期间容易感觉疲劳是正常的，所以经期比平时需要更多的睡眠，不要熬夜；还要提示孩子，经期不要做大量运动，如果学校有体育课，可以根据身体情况，勇敢大方地向老师请示，比如"这几天我身体不舒服，今天不方便跑步"，让孩子知道老师会理解她的。

4. 卫生巾的选择

对于来月经不久的女孩来讲，带卫生巾上学是特别需要克服的一个心理障碍。妈妈要让孩子知道，带卫生巾上学，就和带文具、带餐具这些用品一样，没有本质性的区别。可以让孩子看看妈妈的背包，里面也常备卫生巾，这样，可以大大减轻孩子的羞耻感。

另外，妈妈可以做好细心的准备，比如给孩子做几个漂亮的小卫生巾包，方便孩子随身携带并取用。还要提醒孩子，卫生巾必须保持卫生，不可以和铅笔盒等其他物品放在一起，最好单独存放，这样既安全又卫生。

妈妈和孩子采购卫生巾时，妈妈可以给出适当建议，让孩子自己做主。日用、夜用、护垫都要准备，根据孩子的月经量和天数，逐渐确定使用哪种卫生巾才合适。教会孩子根据自己的月经量，准备适量的、不同型号的卫生巾。在还不确定量多少的情况下，宁可多带，不要少带。并告诉孩子这些都是正常行为，世界上所有的女性都是如此，这是生活的一部分，不必觉得尴尬。

允许孩子对自己的"私密事"有个熟悉的过程，让孩子逐渐学会打理。妈妈不要着急，更不要责难，妈妈的耐心细致、从容不迫，才会让孩子慢慢学会和月经和谐相处。

★ **应对痛经小妙招**

很多女孩生理期间会不自觉地感到紧张、担心，容易引起生理痛。这个时候就显现出妈妈教育的重要性，因为妈妈们已经有了这么多年的应对经验和小妙招。

妈妈可以建议孩子通过以下方式放松心情缓解生理痛：

多听听喜欢的音乐；

闻闻喜欢的香水味；

看看喜欢的书；

多喝热开水或红糖水；

少吃辛辣食物；

喝些让身体容易暖和起来的饮品，例如益母草膏、四物汤；

衣物要足够保暖，如果在冬天可以使用热水袋；

避免吃生冷的食物和水果，日料也要等到经期过后再吃。

切记：不要揉肚子，揉肚子会更容易增加月经量！

　　初潮被大多数女性记为青春期的重要里程碑，它代表的是成长的变化和成熟的开始，每一个女孩都会对自己生理上的"第一次"记忆犹新。同时，对于自己成为"女人"的向往和担心是并存的。只要妈妈细心引导，月经将不再成为女孩烦恼和恐惧的事，而是女孩开始绽放的时刻，也是连接妈妈与女儿之间的亲情纽带。从此，让孩子更加珍爱自己的身体，做个阳光女孩。

爸爸说，
这些变化说明我是个男子汉啦！

　　六年级的李成，个子越长越高，声音也从稚嫩的童声变得沙哑低沉。妈妈发现，最近他像变了一个人似的，以前懂事、开朗、活泼、爱笑的小男生，在学校同学都称他为"幽默大王"和"小博士"，最近突然变得沉默寡言、闷闷不乐，还总是不停地抠额头上的痘痘，偶尔还顶撞父母几句。妈妈要和李成聊聊，他却极不耐烦地说"什么事都没发生"，还把妈妈推出了房间。这让妈妈很疑惑。直到有一天，李成要求自己洗内裤，爸爸妈妈才恍然大悟：原来孩子长大了，遗精了。

　　也许，有很多男孩家长遇到这样的事情，偶然发现了孩子的小秘密，却不知如何和孩子沟通、交流，也羞于启齿，只会默念那条万年不变的心咒："长大了就啥都懂了！"

　　没错，长大了肯定什么都懂了。可是，家长们有没有关注过长大的过程？在这个过程中，孩子究竟默默背负了多少负面情绪？我们之所以反复讲私密教育的重要性，无非就是在孩子还没长大的时候，在他们还什么都不懂的时候，给他们答疑释惑，陪伴他们走过那些痛并快乐的成长之路，帮助他们顺利克服那些"成长之痛"。

家长的"细心和耐心"不能只"荒废"在孩子的学业上，也请分配给他们那一颗颗小小的心灵吧。关注成长比炫耀成功更重要！私密教育告诉家长，请留心观察你的孩子，他的身体变化和情绪波动，其实早就悄悄地告诉了你一切。

★ 长喉结、声音粗

现在小学的孩子发育较早，爸爸妈妈会发现，在小学五年级时，男孩嘴边就开始长小绒毛，声音变暗哑，个头也蹿起来了。声音变粗，脖子上慢慢长出小喉结，这些都会让孩子产生苦恼。此时，爸爸应该温和而坚定地正向引导孩子，可以通过书籍、视频给儿子讲解喉结和变声的故事。同时，要多关心孩子内心发展的需求。

一般情况下，男孩在10岁左右进入变声期。此时，男孩的声音比较低沉嘶哑，刚开始孩子会很不喜欢自己的"公鸭嗓"，会感到困扰和自卑，因为再也没有以前的明亮童声了。慢慢地，喉结突出，声音变粗。这时家长要和孩子聊一聊：

"这是男生正常的变化，每个男孩的生理变化都不一样，有的男孩变声强烈，甚至出现声音稍粗，还带有破裂嘶哑的感觉。爸爸在变声的时候也遇到过类似的情况。儿子，你有任何问题咱们都可以一起交流。"

家长可以告诉孩子，这些都是青春期的正常现象，变声期的时

"儿子，恭喜你，你已经是个男子汉了！"

间长短也因人而异，长短不同。短的大概4—6个月，长的可达一年左右。研究表明，变声期的长短与地域位置的关系也很大，南方男孩相对短一些，大约在4.7个月；而北方男孩长一些，在6—12个月。

★ 长阴毛、有遗精

男孩通常不太会和家长吐露自己的小心思，尤其面对青春期发育时，看着自己身体发育的微妙变化，男孩会很忧心。这时候，家长要主动和孩子聊一聊：

"孩子，你又长大了，你有没有发现自己身上的变化呢？当身体发育到一定程度就开始长阴毛和腋毛了，而且所有的男孩都会经历这样的变化，这是一件多么奇妙的事情啊。"

李成的爸爸是这样对儿子说的：

"儿子，你的身高突然开始增长加快，体重也在明显增加，身体变得比以前更强壮。你有没有发现，自己的阴茎也开始变长、变粗、颜色变深，阴囊的皮肤会变薄、起皱、颜色变深，睾丸也离腹部更远些。每个男孩的阴茎大小各不相同，发育开始的时间也不一样，只要在正常发育范围就是健康的，不用多虑。"

正常情况下，男孩在13—14岁的时候，出现第一次遗精。不过，现在的孩子普遍发育较早，有的孩子在10—11岁就出现了第一次遗精。这时候，爸爸可以跟儿子聊聊，消除孩子担心、害怕和恐惧的心理。

爸爸可以告诉孩子，遗精是一件很正常的事情，不用烦恼，也不要多想，坦然面对就好。还可以适时地鼓励孩子一句：

"儿子，恭喜你，你已经是个男子汉了！"

另外，爸爸也可以给孩子分享自己第一次遗精的经历，让孩子感受到"原来爸爸也有遗精的情况，看来，爸爸说这事很正常是真的！"孩子就会自然释放内心的压力、紧张和焦虑。

私密谈话的最后，爸爸别忘补充一句：

"儿子，要记住，这是咱俩之间的小秘密，不能告诉别人啊！"

一般情况下，这样的谈话都会以父子之间的会心一笑作为结束的。

其实，在孩子慢慢感觉到自己身体微妙变化的同时，他的内心也在悄悄地发生着改变。这时候家长应该主动和孩子多做情感上的交流，家长可以尝试经常在孩子面前示弱，让他感觉自己被需要，自己真的有越来越强大的欲望。其实，这也是培养男孩责任感和担当的最好时机，让孩子变成一个真正的男子汉。

对于"男子汉"的定义，我们通常做如下解读。

★ 有责任感、有担当

这个时候的男孩不仅身高蹿得快，肩膀也变宽，肌肉更结实有力。家长可以时常请孩子帮忙提些重物，比如一袋大米、一桶油，出去购物时可以帮妈妈拎包、拿东西。家长也会感受到孩子真的长大了，会不由自主地给予赞扬："儿子，你真的是一个男子汉啦！"

得到家长的肯定和鼓励，是孩子成长进步的第一动力。在这个生命体处于最活跃、最积极、可塑性最强的阶段，家长要给孩子多做正向引导，尤其是责任感的培养，让孩子懂得真正的长大不只是身体变强壮，而且是学会对自己负责，对别人负责。

1. 尊重爸爸妈妈、长辈、老师

要学会理解和宽容，多做积极有效的沟通。主动承担力所能及的家务，有较重的活儿要主动帮爸爸妈妈做。

在学校要尊重师长，体现在言谈举止中。尊重他人，也是尊重自己。

2. 尊重女性

尊重女性，体现的不仅仅是你的涵养，还有你的宽容心。不强迫对方一定服从你的意愿、按照你的意愿做事。对待喜欢的女生，当自己还没有足够的能力为她负责或者承担你们俩的未来的时候，要学会尊重彼此，不要轻易越界，因为后果还不是两个孩子能承担的。

3. 管理好情绪

有自己的想法和观点非常好，但不要意气用事，特别是面对同学之间那些所谓的"讲哥们儿义气"的事儿。好朋友是可以做的，但是要分清界限。

家长应适时和孩子聊聊私密教育的话题，让孩子做好心理准备，到时就不会变得担心恐惧和束手无策了。不要等到孩子的生理和心理发展到一定程度再去解释，有可能等你想和孩子沟通的时候已经来不及了。

第六部分

预防性侵害：
保护孩子，远离伤害

童话世界和现实世界的共性：
都有坏人！

2017 年 4 月，年仅 26 岁的台湾青年女作家林奕含自杀事件轰动全国。她的父母随后曝其曾在少年时代被补习班的一位非常知名的补习老师诱奸，这段噩梦侵扰她多年，导致她患上抑郁症，痛苦不堪，最终结束了自己年轻的生命。

事发前几个月，林奕含刚刚出版了个人第一本小说——《房思琪的初恋乐园》。小说描述了 13 岁女主角房思琪被补习班老师性侵，最终发疯的故事。令人唏嘘的是，小说女主角房思琪的故事竟然就是林奕含真实的不幸遭遇。

"林肯公园"主唱查斯特·贝宁顿的自杀，让全世界无数歌迷深感悲痛和惋惜。查斯特·贝宁顿从 7 岁开始就遭到一名成年男子性侵。他从来没有寻求过帮助，因为他不想让其他人以为自己是同性恋，害怕别人以为他在说谎。于是，这样的性虐待持续到他 13 岁。他的一生被性虐待的阴影困扰，曾经一度认为自己是怪胎。他曾坦言，多年来，一直有轻生的念头。

两位非常有才华的人在年幼时遭遇不幸，令人扼腕叹息。然而，

真实的情况更加令人触目惊心。

★ 无法忽视的儿童性侵数据

美国有一个权威的统计数据显示：四分之一的女孩和六分之一的男孩曾遭受性侵，儿童平均遭遇性侵的年龄是 9 岁，93% 的性侵者孩子认识，47% 的性侵者是家人或熟人。危险如此之近，远超我们的想象。

有调查显示，在中国，有 9.5% 的女童和 8% 的男童都曾遭遇过不同方式的性侵害，总数高达 2500 万人，而且多数都是熟人作案。

这些数字实在触目惊心，警醒我们，对孩子的保护决不可有丝毫的掉以轻心。但退一步说，无论父母多么努力，也无法做到 24 小时、无缝隙贴身保护，孩子总有独处、落单的时候。所以，教会孩子自我保护、远离性侵害更为关键。

★ 儿童性侵的危害

性侵害不仅使孩子的身体遭受创伤，更严重的是由此引发的心理问题，性侵害对孩子的影响不止几个月或者几年，这种抹不去的阴影有时会伴随和影响 Ta 们一生。

遭受性侵害的孩子容易产生严重的心理问题，比如缺乏安全感、自卑、抑郁、排斥异性，甚至影响成年后正常的婚姻生活。

儿童性侵害给受侵害的孩子及其家庭带来的身心伤害，远远超过我们的想象。韩国电影《素媛》就是以一起真实的儿童性侵害案件改编的：

　　一个下雨的早晨，小女孩素媛在上学的路上遇到一个醉醺醺的大叔，大叔让她为他打伞。小女孩遭受到了此生最为不堪回首的侵害。此事给她幼小的心灵和肉体造成了难以磨灭的重创。素媛不愿意接触任何人，面对爸爸时，她都用被单盖着自己。因为素媛的指认，犯人最终被抓。值得欣慰的是，影片的最后，素媛慢慢走出了心理阴影。

　　★　**全社会参与的儿童私密教育**

　　对孩子进行私密教育是整个社会包括家长、老师、儿童看护者必须要做的事。

　　通过私密教育让家长树立正确的私密价值观，为孩子营造尊重、平等的家庭环境，让孩子更加了解和珍爱自己的身体，知道维护自己的身体安全。

　　只有家长和孩子发自生命本能地爱护自己，在发生侵害时，孩子才能够意识到威胁，提高警惕，从而能够降低儿童性侵案件的发生概率，减少儿童性侵带来的负面影响。

　　同时，全社会的重视和参与能够警告和震慑性侵者，使性侵者和潜在性侵者不会因为人们对这个话题的忌讳心理而意图为非作歹。

　　保护孩子，不让 Ta 幼小的心灵受到任何污染和伤害，是每个父母的愿望。在期待美好的同时，也不要忘记童话故事里有"贪婪的地主""吃掉小红帽的大灰狼""毒死白雪公主的皇后"！爸爸妈妈要成为孩子的守护神，更要帮助孩子成长为未来的勇士。

给我发糖果的陌生人，
会是坏人吗？

　　俊俊和小伙伴在楼下小花园里玩水枪。他开心地跑回家，妈妈一边给俊俊换衣服，一边询问俊俊刚才和小伙伴玩得怎么样。俊俊说："刚才有个叔叔给我棒棒糖了！"妈妈听了心生疑惑："什么叔叔，你认识吗？""我不认识，我没要他的糖。""好孩子，你做得对！"妈妈松了口气。俊俊接着说道："我记得妈妈说过不能要陌生人的东西。可是，妈妈，那个叔叔是坏人吗？"

　　在看到形形色色的负面报道、听到各种各样的关于孩子被陌生人侵害的传闻之后，父母非常担心自己孩子的安全，会经常告诫孩子"不要和陌生人说话""不要吃陌生人给的东西""妈妈理解你，糖果的确很好吃，但是没有得到家长的允许，不能随便吃陌生人给的糖哦"。但这些提醒和警告还远远不够。

　　不同年龄的孩子，对于自我保护意识存在较大的差异。当面对一个有不良企图的成年人时，孩子的力量非常薄弱。年幼的孩子甚至还不能真正理解"陌生人"的意思。即使是已经上学的孩子，与"陌生人"周旋，也可能将自己推向危险的境地。

那么，与孩子谈论"不要和陌生人说话"这个话题时，家长要注意什么呢？

★ 区分年龄段，用孩子能理解的话语讲解

0—3 岁的孩子很难理解"陌生人"的概念，对安全和危险的理解也极弱。这个阶段，家长的首要任务是看管好自己的孩子。比如外出时，要牵住孩子的手，还可以使用"防丢带"让孩子随时在家长身边，以防孩子走丢遇到危险。

家长可以在看绘本讲故事的时候，告诉孩子什么是陌生人，什么是坏人。另外，孩子会逐步对自己的私密部位产生好奇心，家长要告诉孩子，不能让人随意碰私密部位。家长也要勇敢拒绝陌生人对孩子的触摸。

3—6 岁的孩子，家庭以外的活动越来越频繁，特别是幼儿园的生活，接触除家长以外的陌生人的机会越来越多。家长要和孩子多谈论陌生人的概念，学习安全知识。父母可以教孩子记忆自己的家庭地址和电话。父母可以告诉 Ta：

"陌生人就是你没有见过、不认识的人。"

相比之下，小学阶段的孩子与陌生人接触的机会就更多了。因为 Ta 们在公共场合会有更多自由活动的时间和空间。孩子在学校，和同学一起学习生活，接触更多的课外活动，甚至还会参加夏令营等，离开家长一段时间，在这些过程中，父母要提前教会孩子如何与陌

生人打交道。

　　家长要反复告诫孩子，尽量避免单独外出，时刻需要有家长、老师、同学的陪伴。外出时，万一遇到需要独自一人的情况，宁可多绕点路，也要走熟悉的大路，不要走偏僻的小路，尽量不去陌生的地方。外出时，如果有陌生人纠缠，要想办法找到家长，或者跑到人多的地方，并且大声地求助。

　　让孩子清晰地知道，哪些事是不可以做的，哪些事是一定要告诉爸爸妈妈的。并且，让孩子知道，无论发生什么事，爸爸妈妈都是爱 Ta 的，会永远支持 Ta。

★ 运用情景演练，帮助孩子加深印象

　　模拟情景演练，是家长教孩子在困难环境下处理问题的最好方法。

　　比如，家长可以用游戏的方式扮演陌生人，孩子会觉得比较有趣。父母可以对孩子说："小朋友，我是你爸爸的好朋友，你爸爸让我带你去他的单位好不好？"还可以这样说："小朋友，你好，我不知道××商场怎么走，你能告诉我吗？"

　　帮助孩子学会识别某些情景中的心情，平时多鼓励孩子表达自己的心情。比如"有人把我推倒，我很伤心"，或者"我走在那么高的地方，可害怕了""我很喜欢和贝贝玩，我高兴极了"，等等。这样，如果真的有危险的时候，孩子能准确地描绘自己的心情，家人或者其他守护者能很快识别危险，孩子能及时获得帮助。

★ 与孩子沟通时，避免恐吓性的语言

当父母让孩子小心陌生人时，可能会无意识地说些吓人的话，比如"再不乖，陌生人就会把你带走！"或是"你不听话，再也见不到我们了！"，事实上，恐吓孩子会让孩子的心理产生恐惧的状态，让孩子缺少安全感，不利于孩子未来的人际交往。

父母要客观冷静地告诉孩子，面对陌生人时应该做和不能做的事情。如果孩子问你，为什么不能和陌生人走？父母可以这么回答：

"因为小孩子辨识坏人的能力比较弱，需要告诉父母以后，再做决定。"

如果孩子已经听说过有陌生人拐骗小孩的事情，感到非常恐惧时，家长要注意安抚孩子的情绪。告诉 Ta 们：

"你是安全的，爸爸妈妈会保护你，一般情况下只有很少的孩子会被拐骗或绑架。因为你提前学过这些应对措施，我们相信你懂得自我保护。"

父母要对孩子反复告知：

"当陌生人靠近你的时候，要远离 Ta，向大人寻求帮助。"

如果陌生人接触了孩子，要教孩子大声叫喊：

"救命！这不是我的爸爸、妈妈！"

通过角色扮演和情景演练，让孩子正确地理解"陌生人"的概念，并慢慢养成自我保护的意识和习惯，同时注意不要恐吓孩子，保护好孩子对世界的信任和善意。

每天打招呼的邻居，
会是坏人吗？

　　小 M 妈妈给孩子洗澡时发现，小 M 的会阴处有红肿。妈妈问小 M 疼不疼，她说"有点疼"。妈妈问："有没有人碰过这个地方？"小 M 说："昨天在楼下小琴阿姨家玩，阿姨用手碰过我的这个地方。"小 M 妈妈非常生气。她怎么也想不到，平时经常打招呼、爱笑的小琴阿姨竟然对女儿这般无礼。小 M 妈妈冷静下来后，意识到自己确实有责任，不应该因为忙，把孩子交给别人看管。虽然小琴阿姨是每天都打招呼、热情活泼、人缘又好的邻居，但是"害人之心不可有，防人之心不可无"啊。

　　对于孩子来说，很熟悉的人会是坏人吗？孩子的老师、同学、同学家长、邻居、自己的爸爸妈妈、爷爷奶奶也要提防吗？接下来，我们可以看一下下面的数据：

　　根据"中国少年儿童文化艺术基金会女童保护基金"最新调研数据，2016 年媒体公开报道的性侵儿童（14 岁以下）案件共 433 起，2015 年全年数据 340 起，2014 年全年数据 503 起，2013 年全年数

据 125 起。

而据专业人士估计，在儿童性侵中，隐案比例高达 1:7，就是说，每天至少有 7 起儿童性侵事件发生。多么触目惊心的数据！

★ 三分之二为熟人作案

在 2016 年的 433 起案件中，熟人作案 300 起，占总案件的 69.28%；陌生人作案 127 起，占比 29.33%。熟人往往让父母和孩子容易掉以轻心，这一点父母要特别引起重视。

★ 7—14 岁的受害者占比最高

在 2016 年的 433 起案件中，受害者年龄最小的不到 2 岁，7 岁以下的有 125 人，7（含）—12 岁的有 143 人，13（含）—14 岁的有 104 人，另有 61 人未提及具体年龄。可以看出被性侵儿童以 7—14 岁的中小学生居多，这个年龄段的孩子很容易成为犯罪嫌疑人侵害的目标。

性侵害事件层出不穷，父母在养育孩子的过程中，要加强对孩子的私密教育。特别需要重视教会孩子预防性侵害，避免孩子的身心遭受重大的伤害。另外，不同年龄段的孩子，父母需要注意的事项也不同。

★ 0—3 岁的孩子的家长照看

对于 0—3 岁的孩子，家长要尽量自己带。外出时，千万不要让孩子远离自己的视线范围，不随便让他人帮助单独看管孩子。如果实在没人帮助，可以请自己的父母或者和孩子同性别的人帮忙临时看管。

0—3 岁孩子基本没有分辨能力，家长不要存在侥幸心理。一定要在保证孩子绝对安全的情况下，才可以让他人帮助看管或者照顾孩子。

★ 3—6 岁的孩子会拒绝

对于 3—6 岁的孩子，家长要提醒孩子平时不要随便和陌生人搭讪。对于熟人邀约，不管是男性还是女性，哪怕是权威人士，也要让孩子必须告诉家长，征得家长同意后，最好在家长的陪同下前往，或者邀请其他小伙伴一起去，不要单独到熟人家玩。

如果对方有一点亲昵的行为让孩子感到不舒服，父母要教孩子学会大声拒绝，严肃坚定地告诉对方："我不喜欢你这样！"然后反抗逃跑。回家后，一定要及时告诉家长，让家长帮助防范，离这些所谓的熟人远一些！

★ 6 岁以上的孩子常监督

对于 6 岁以上的孩子，Ta 们接触的熟人也越来越多，还会经常被同学邀请到家里玩。父母要告诉孩子与他人身体距离的边界。即便同学来家里玩，也不要和同学躲在房间里。父母要和孩子有约定，尽量在客厅玩，或者孩子的房间门不要关上，父母也尽量不打搅孩子们。

另外，6 岁上小学以后的孩子会越来越多地接触电脑与网络，父母要防止孩子因为同学、朋友的影响痴迷网络游戏、色情图片和视频。因此，父母和孩子约定，需要在开放处比如客厅使用电脑和网络，防止有不良信息侵害孩子。

当然，父母也要告诉孩子，大部分的人都是好人，但是要学会警觉危险和自我保护。让孩子懂得判断危险，懂得遇到危险时的解决方案，这些都是孩子成长过程中非常重要的私密教育内容。父母也需要多学习多了解多练习，帮助孩子健康快乐成长！

判别坏人的三个原则

"妈妈，小红帽里的大灰狼好可怕，好凶哦，我不敢看！""嗯，宝宝不看，大灰狼是坏蛋，妈妈打跑它。"童话故事里坏家伙都像大灰狼，有大大的牙齿、血红的眼睛、巨大的手和邪恶的笑容，可是现实生活中坏人的脸上却没有标签，坏人并不等于"长得坏"！有的人甚至长得很好看，看上去很和蔼、很炫酷，还有各种美味的糖果和礼物。记得告诉孩子，动画片里也有"披着羊皮的狼"呢！

对于孩子来说，直接从外表分辨"披着羊皮的狼"确实很难，父母要教会孩子如何识别坏人的"坏行为"，就像福尔摩斯一样识别坏人。

★ 未经同意，随意摸孩子隐私部位的人是坏人

漂亮的 K 是个活泼可爱的孩子，但最近她经常做噩梦，睡眠不好。妈妈带她找心理医生，在医生的引导下，K 把 7 岁时发生的事

情告诉了医生。原来 K 小时候被邻居叔叔带到他家玩时，叔叔让她摸他的生殖器。回家后，她把这件事告诉了妈妈，妈妈惊呆了，还找叔叔大吵一顿，把 K 吓坏了。从此以后，K 经常做噩梦，还常常在梦中哭醒。后来，在医生的建议下，爸爸妈妈带着 K 搬了家，在爸爸妈妈的精心呵护下，她的噩梦也越来越少了。

在识别坏人之前，先教孩子认识身体的各个部位，知道哪些是自己的隐私部位。我们可以告诉孩子内衣遮住的地方就是隐私部位。没有得到允许，无论是大人、小孩，无论是陌生人还是认识的人，都不可以随便触摸。

家长可以借助绘本故事，或者在孩子洗澡时，自然地告诉孩子："男孩的生殖器官和屁股是隐私部位，女孩的乳房、生殖器官和屁股是隐私部位。这些部位是不可以给外人看或者随意触碰的。"孩子从小知道这些知识，长大以后就懂得保护自己了。

孩子长大一些，生活能够自理以后，也要帮孩子进一步明确身体的界限。告诉孩子，爸爸妈妈或者老师、医生也只有在特殊的情况下才能触碰孩子的隐私部位，比如孩子需要帮忙洗澡，或者孩子隐私部位受伤的情况下。

事实上，孩子从出生以后就会对自己身体的隐私部位有感觉，有时候孩子自己触摸私密部位时，会有舒服的感觉。家长不需讳莫如深，此时可以明确地告诉孩子。

★ 教孩子警惕"五种警报"

教孩子识别危险，特别需要提示注意"五种警报"。当有人做出以下五种行为中的任意一种，使孩子的身体和心里感到任何不舒服时，孩子要立刻在心里拉响警报，就像拉响消防警报一样。这时，可以判定"那个行为人"是个坏人，要勇敢地对 Ta 的行为说"不"！并赶快跑到人多的、安全的地方，向其他信任的大人求救。

1. 视觉警报

如果有人要看孩子的隐私部位，或者让孩子看此人的隐私部位，这时要教孩子拉响"视觉警报"。要教会孩子想方设法尽快离开这个危险的人以及危险的地方。

2. 言语警报

如果有人谈论孩子的隐私部位或者谈论 Ta 自己的隐私部位，这时要教孩子拉响"言语警报"。孩子感受到对方发出的言语警报，要想办法尽快离开危险的环境。

3. 触碰警报

如果有人触碰孩子的隐私部位或者让孩子触碰 Ta 的隐私部位，这时要教孩子拉响"触碰警报"，尽快离开。

4. 独处警报

如果单独与陌生人在一起，感觉到不自在时，要拉响"独处警报"，尽量赶快离开。特别要教会孩子的是，父母不在身边时，不要接受陌生人送的任何礼物，包括糖果、气球等，更不要跟着陌生人走。父母需要和孩子反复强调，尽量不要落单。

5.拥抱警报

如果有人不经孩子的允许搂孩子、背孩子、亲孩子，让孩子感到很不舒服，这时要教孩子拉响"拥抱警报"。要严厉地告诉对方："我不高兴，不要碰我。"即使这个人是父母、老师、亲戚或父母的朋友，也要立刻拒绝对方。无论对方是多么亲近、孩子多么喜爱的家人，都不可以随意拥抱孩子，让孩子养成这种意识。

★ 教孩子画出"爱心圈"

孩子3岁以后，父母要教会孩子找出生活里可以信任的人，与孩子一起列一张"照顾者"名单，比如爸爸妈妈、爷爷奶奶等。在和孩子的沟通过程中，如果孩子不太愿意把某人的名字写上，我们一定要引起重视，并找出原因。另外，定期和孩子更新名单。

除了最亲近的亲人之外，我们还可以和孩子一起列一个"爱心圈"名单。这个名单上的人是可以拥抱孩子的人，是孩子喜爱并信任的人。比如亲戚、老师、父母的好朋友。让孩子记住 Ta 的生活里时刻有这些"照顾者"和"爱心圈"里的大人的保护和陪伴。如果遇到困难，教孩子先向"照顾者"寻求帮助；如果"照顾者"不在，可以找"爱心圈"的帮助，并可以告诉里面任何一位大人。

童话里的坏人最终会被英雄打败，但现实生活中，则需要父母和孩子共同炼就火眼金睛去识别坏人，共同保护我们的美好生活。

请对这些情况果断说"不"！

从幼儿园回家的 4 岁大宝突然不高兴了，在客厅里对爷爷发脾气："我不让抱，就不让抱！"只听爷爷气哼哼地说："喜欢你才抱你呢！"大宝倔强地坚持："就不让抱！"

妈妈闻讯赶来，问大宝："你怎么不高兴了，为什么大喊大叫啊？""我不让爷爷抱！"妈妈看看一旁尴尬的爷爷，对大宝说："大宝好好和爷爷说，说大宝不舒服，不让抱，要自己玩。"大宝一本正经地说："爷爷抱我不舒服，不让抱，我要自己玩。"爷爷赶紧附和："好好好，不抱，不抱。"妈妈轻轻地搂着大宝，心里想："我的大宝会表达自己的不舒服了，会拒绝了，真棒！"

孩子学会拒绝别人，是成长的表现，是值得肯定的行为。孩子 3 岁以后，父母要开始逐步教孩子，如果遇到一些不好、不舒服的事情，在保证自身安全的前提下，孩子要学会拒绝。

★ 不受欢迎的人不能进来

每个人的身体周围都有一个属于自己的空间，是人际交往中的亲密空间。在这个空间里只有最亲密的人才能进入。孩子的亲密空间就是 Ta 们的安全底线。这个空间就像一个大大的泡泡，这个泡泡有双臂举起来那么高，有双手展开那么远，只有最爱的爸爸妈妈和家人朋友才能进来，可以拥抱、亲吻，也可以肩并肩、手挽手、说悄悄话。

如果有陌生人或者孩子不喜欢的熟人进了这个泡泡圈，牵手、搂抱、亲吻，所有这些自己不喜欢的身体接触，都要果断拒绝。如果有人近距离地死死地盯着看，也要马上离开，到人多的地方去，告诉信任的大人。

在十分拥挤的公共场合，比如地铁、公共汽车上，也要尽量避免身体的接触，尤其是让自己不舒服的接触，要果断拒绝，并马上离开那个位置。

★ 不舒服的行为要拒绝

有的成年人特别喜欢逗弄孩子的隐私部位。任何人，包括最亲近的家人，如果提出"让我摸摸你的小鸡鸡""你的小鸡鸡真好玩"，父母也要告诉孩子从小就必须学会拒绝。当孩子没学会拒绝之前，父母要做好孩子的榜样，果断并坚定地告诉对方："这是孩子的隐私，不能摸！"

如果有陌生人要看或者要摸孩子的隐私部位，要教孩子大声斥责、勇敢拒绝，可以说："我不认识你，不要碰我！"并且不要看、

不要摸别人的隐私部位。如果有人要求孩子这样做或者让孩子看有隐私部位的照片，同样要说"不"。

如果拥抱、亲吻、触碰这些行为让孩子感到不舒服，即使是自己的爸爸妈妈、爷爷奶奶，也要说"我不高兴了，不要碰我"，即便 Ta 们说"我这是在跟你开玩笑"，也要告诉对方"不，我不喜欢这样的玩笑"。

如果遭遇熟人试探性的侵害，要大声大胆地训斥，在声势上压倒对方，如"不要碰我""你想干什么"！如果没有求助对象，要冷静，观察周围环境，想办法逃脱！

如果对方使用暴力手段时，不要喊不要骂，防止激怒对方，要默默记住对方的长相特征，想办法编造理由逃脱。如果逃不掉，一定要记住"保证自身的生命安全"始终是第一位的。

★ 学会识别情绪，坏人诱骗不上当

有些坏人会采用诱导的方法，骗取孩子的信任，或者要求孩子为 Ta 保守一些"不能说的小秘密"。孩子被蒙骗后，会选择不告诉家人。但是，孩子的情绪一定会有异常表现，家长要细心留意。

在日常生活中，父母要教会孩子识别自己的情绪并清晰地表达出来，家长可以用情绪脸谱卡片和孩子一起玩猜表情游戏。父母要多向孩子表达自己的心情，比如"宝宝打针很勇敢，妈妈很高兴""宝宝今天吃了太多的零食，妈妈担心你不好好吃饭""妈妈今天在工作的时候，宝宝要妈妈跟你玩，妈妈有些着急了，因为担心工作完

成不了"。父母多示范，引导孩子多表达。当孩子有情绪上的任何表现时，父母及时用语言反馈给孩子如"宝宝真高兴啊""你心里难过了，是吗？""小朋友推了你，你生气了，是吗？"，尤其是进入幼儿园、小学的孩子，家长要每天关注孩子的情绪，并询问孩子当天的心情，引导孩子尽量清楚地表达出来。

家长要告诉孩子，与他人相处时，如果感觉到心跳加速、紧张胸闷、恶心、肚子疼、掌心出汗、想哭、四肢无力、腿软等情况，一定要告知父母或任何让 Ta 感觉到安全的大人。

如果亲子之间建立了良好的情感沟通习惯，当感觉孩子有异常情绪时，在家长的细心呵护、耐心引导下，孩子才会表达自己的真实情绪，不受坏人的诱骗而隐瞒事实。

"当有人想要摸你或者看你的隐私部位时，要说不，赶快跑开，马上告诉爸爸妈妈！"

"当有人让你摸 Ta 的隐私部位时，要说不，赶快跑开，马上告诉爸爸妈妈！"

"当有人要强行搂你抱你时，要说不，赶快跑开，马上告诉爸爸妈妈！"

教会孩子牢记"说不，跑开，告诉大人"三步法，教会孩子对危险及时做出判断，并告诉孩子，不会因为孩子告诉父母发生一些不好的事情而受到惩罚，爸爸妈妈永远会爱 Ta、保护 Ta。这样，无论发生任何事情，孩子都会在第一时间和爸爸妈妈沟通，把潜在的伤害风险降低。

记住，
坏人伤害不了爸爸妈妈！

　　小 C 的爸爸妈妈因为下班晚，没办法接孩子放学，就把孩子安排在家附近的托管班。有几次，父母由于加班，晚上 8 点多才去接孩子。一段时间后，父母发现孩子在家里出现了情绪反常，经常叹气不开心，还时不时小声哭泣。多次追问下，小 C 说下身隐私部位很痒，妈妈帮孩子洗澡时发现孩子下身肿得非常厉害。

　　原来，托管班一位男老师多次触摸小 C 下身，并威胁孩子："不许告诉爸爸妈妈，如果你告诉爸爸妈妈，Ta 们就不会再爱你了。会把你赶出家门！""如果你告诉爸爸妈妈，我就让你爸爸妈妈没有工作。""如果你告诉爸爸妈妈，你就不能再来托管班了。"小 C 因为害怕爸爸妈妈受伤害，也担心爸爸妈妈因自己而生气，就没有说出真相。

　　小 C 很可怜，遭遇这样不幸的事情。作为父母，在孩子小的时候都希望给予最大程度的保护。可是，因为种种原因，父母无法时刻守护在孩子身边。很多家长也无法及时发现孩子遭到了伤害。与

"爸爸、妈妈最爱你，永远都会保护你！"

"看我无敌老爸、全能老妈！"

此同时，很重要的一个原因是那些坏人会欺骗或者恐吓孩子：不许告诉爸爸妈妈，如果告诉的话，会有不好的后果！所以大部分孩子不敢告诉父母，害怕父母也受到伤害，或者被父母嫌弃。

很多父母会困惑，这些天真无邪的孩子怎么就会乖乖听了"大灰狼"的鬼话呢？

因为大部分孩子在成长过程中没有见过"大灰狼"，父母也很少给孩子这样的机会学会识别。孩子非常单纯，所以很容易上坏人的当。

为了预防孩子们被坏人威胁以及受到侵害，家长可以通过合适的绘本以及情景演练，告诉孩子，坏人说要伤害爸爸妈妈是吓唬孩子的，孩子不要相信。让孩子记住，坏人是不敢伤害爸爸妈妈的！与此同时，父母要教会孩子学会以下三点：

★ 告诉孩子，不用保守坏人的秘密

父母要教会孩子：遇到坏人要尽快揭发，这样孩子才能保证脱离危险情境，不能相信坏人的话，更不能保守坏人的秘密。父母要告诉孩子，如果有人说"这件事不可以告诉爸爸妈妈"，说明这件事一定是很重要的事情，一定要跟爸爸妈妈讲。

父母要告诉孩子："不管什么时候、不管什么问题，你都可以和爸爸妈妈讲。不管发生什么，爸爸妈妈都会支持你和帮助你，会和你一起面对和解决问题。"

★ 告诉孩子，可以骗坏人

父母要告诉孩子：对坏人，孩子有不讲真话的权利，还要学会骗坏人。父母对孩子的教育不能只停留在"孩子，你要诚实，不可以撒谎"的层面。

如果孩子感受到来自陌生人或者熟人的威胁或者侵害，孩子要学会开动脑筋，在保护自己生命安全的前提下，尽可能想出能逃离坏人的方法。父母可以在平时运用游戏的方式，教孩子如何骗坏人，这样会帮助孩子提高面对危机时的解决能力。

★ 和孩子一起列出危险事件清单

家长可以和孩子把生活中可能遇到的问题列一个清单，记录下来。在列清单的同时，让孩子多思考，或者父母给出几个可供选择的答案，让孩子选择；或者父母直接告诉孩子正确的答案，都可以。目的就是让孩子熟悉危险情境，尽快做出反应。比如：

如果在学校遇到大孩子的欺负，孩子该如何处理？

如果有熟悉的大人单独邀请孩子去 Ta 家，孩子该如何处理？

如果有人在没有其他人的地方脱孩子的裤子，孩子该怎么办？

如果有人威胁孩子不许告诉爸爸妈妈，孩子该怎么办？

如果去同学家，同学邀请孩子看少儿不宜的色情视频，孩子该如何应对？

如果有人给孩子吃不愿意吃的东西，或者随便脱孩子的衣服，

孩子该怎么办？

父母要根据孩子的年龄，用孩子能够理解的语言和形式交流，并且让孩子深刻地记住："爸爸妈妈是永远爱你的，会永远帮助你！"平时，这样的话也要多说，多表达，只有这样，才能建立起最稳固的亲子信任关系。家长也可以定期和孩子一起讨论相关内容，确保孩子能够记住并理解。

另外，家长要及时发现孩子的异常，特别是情绪、行为方面的表现。作为深爱孩子的父母，我们无法永远在孩子身边呵护 Ta 们，但我们必须教会孩子应对困难的解决方法，用爱保护孩子一生的健康与平安！

有些秘密不能保守！

德国有一个非常经典的绘本故事——《绝对不能保守的秘密》。故事的主人公是个孩子，叫阿尔弗雷德。妈妈在当地最大的城堡当清洁工。城堡的主人亨利勋爵非常富有，而且很有名望。孩子放学后，总是去亨利勋爵的城堡等妈妈。

有一天，亨利勋爵用一种让孩子感觉非常不舒服的方式挠他，还触摸他的私密部位。之后，亨利勋爵警告孩子说："你绝不能将我们的挠痒秘密告诉任何人。因为如果你告诉别人，你妈妈就不能在我的城堡里工作了，你们就没有钱买食物和衣服。"

晚上回到家，阿尔弗雷德感到非常难过，抑制不住心中的委屈，哭声越来越大。妈妈慈爱地对他说："你什么都可以跟妈妈说，妈妈曾经跟你说过，有些秘密绝对绝对不应该保守。"他哭了很久。最后，在妈妈不断地鼓励下，他将这个可怕的秘密告诉了妈妈。

妈妈将儿子紧紧抱在怀里，说："你把这个秘密告诉妈妈是正确的，妈妈为你骄傲。记住，你什么都可以跟妈妈说，妈妈永远都愿意听你的心里话，妈妈永远相信你。你做得非常棒。"

阿尔弗雷德的妈妈向孩子保证，他们永远不会再见到亨利勋爵，让他永远从他们的生活中消失。

这个绘本故事非常适合父母给 5 岁以上的孩子讲。这个故事非常清晰地告诉我们，父母要从小告诉孩子以下几点：

★ 有些秘密是不可以为别人保守的

有些人会采用诱导的方法，骗取孩子的信任，或者要求孩子为 Ta 保守一些"不能说的小秘密"。因此，父母要记得教会孩子，当以下情况发生的时候，无论对方和孩子说了什么，提了什么要求，都要在第一时间告诉爸爸妈妈。

比如，父母可以这样对孩子说：

"如果有人想要摸你或者看你的隐私部位，这是不对的，要拒绝，一定要告诉爸爸妈妈。"

"如果有人让你摸 Ta 的隐私部位，这是不对的，要拒绝，要告诉爸爸妈妈。"

"如果有人要强行搂你抱你，这也是不对的，要拒绝，要告诉爸爸妈妈。"

"如果有人给你好吃的糖果，让你单独去 Ta 家，这绝对不能答应，要告诉爸爸妈妈。"

父母要在平时生活中多次强调，并与孩子共同找到这些问题的解决方案。让孩子提前学会，万一遇到类似问题，就不会惊慌失措。

★ 孩子遇到侵害后，父母坚决不能责怪孩子

很多孩子在遭遇侵害后，总是觉得自己做错了很多事情，对别人的信任感会降低，安全感也会缺失，内心会觉得很不开心。爸爸妈妈要告诉孩子，不会因为孩子告诉父母发生一些不好的事情，就受到惩罚，爸爸妈妈是永远支持和帮助孩子的。同时，父母要经常安慰孩子，拥抱孩子，告诉孩子说："无论发生什么事情，你永远都是爸爸妈妈最爱的宝贝，我们会永远爱你的。"

父母切记，不要在得知孩子被侵害后，在孩子面前表现出非常难过、失望、暴躁的情绪。这样会让孩子误会，让孩子更不敢与父母很好地沟通，孩子会陷入更深的自卑自责情绪中去。

★ 父母要教会孩子防侵害的方法

在日常生活中，父母要教会孩子对危险做出及时判断，第一时间和爸爸妈妈沟通，把潜在的伤害风险降低。父母要在日常生活中注意培养孩子防范危险的能力，教会孩子防侵害的具体方法，帮助Ta们识别和判断可能存在的潜在风险，教会孩子独立自主的思考能力，学会对他人的不当行为表示拒绝，勇敢说"不"。比如，家长可以这样反复告诉孩子：

1. 不可以单独与陌生人聊天，需要有家长或者亲人在场；

2. 没有自己的允许，任何人都不可以随意触摸孩子的私密部位。

3. 如果感觉遇到危险，或者遭遇性侵害，要第一时间告诉父母。

4. 不要随意接受同学邀请，不要与同学在房间里独处，最好是在客厅里玩。

5. 不可以随意和其他人聊"私密"的内容。

6. 不可以单独外出，要尽量走大路，不要为了距离短而走偏僻的小路。

7. 要牢记父母的手机号码、家庭地址，万一遇到困难可以及时联系。

父母要经常和孩子交流哪些"秘密"是不可以保守的，还要告诉孩子遇到不愉快的事情，要及时告诉父母，家长要成为孩子最信任的人。让孩子多一点警惕性，同时做好预防措施，教孩子遇到事情时的解决方法，能够帮助孩子远离侵害。

如何成为孩子的第一倾诉对象？

菁菁妈妈最近有些不知所措。一星期前，菁菁参加同学生日派对后，一位妈妈不认识的男同学送菁菁回家。妈妈问菁菁："这位同学我怎么没有见过呀？"菁菁说这位同学是她们班新转学过来的。妈妈还发现，菁菁的小书桌抽屉多了一把锁。菁菁有时还有些闷闷不乐，有时甚至唉声叹气，妈妈几次想开口问，又不知道该怎么问、问什么，真是好纠结啊！

在这样的时刻，家长们多么希望孩子能够主动跟自己聊一聊啊！家长觉得，孩子遇到了困难，应该先想到找父母倾诉，这是非常正常的事情啊！然而，现实生活中，孩子在遇到成长中的难题时，父母往往成为最后知道真相的人，这实在是件令人倍感遗憾的事情，甚至让父母倍感心寒。

那么，亲爱的家长们，你们有没有想过，那个从小依赖你、无论走到哪都不肯放开你的手的那个最亲的宝贝，为什么渐渐地不再和你交流？家长为什么没有成为孩子的第一倾诉对象呢？如果想清楚了这个问题，相信离解除所有的苦恼和困惑就不远了！

我们一起来慢慢回忆一下，和孩子相处的那些过往细节吧。

★ 父母有没有做好自己的情绪管理？

林奇上小学六年级，父母发现林奇经常躲在房间里和一位女同学偷偷打电话，神神秘秘的，而且每次通话时间都在 30 分钟以上。有一次，吃饭时间到了，妈妈喊林奇吃饭。可是妈妈喊了好多次："林奇，快来吃饭，饭凉了！"无论妈妈如何催促，林奇坐在椅子上就是一动不动，根本不理睬妈妈。

妈妈怀疑孩子可能在谈恋爱，非常生气，跑到林奇的房间，把林奇的电话抢过来并挂断，还指责林奇说："吃饭时间到了，还和女同学打电话！说，你是不是谈恋爱啦？"林奇也很生气："你怎么能挂我的电话？太不尊重我的隐私了！我就是问问她小组节目排练的事情。你太不可理喻了，我就是不吃饭！"过了好几天，林奇始终没有理妈妈。妈妈很伤心、很无奈。

林奇不理解妈妈的辛苦，不理睬妈妈的催促，这种行为是不对的。首先在沟通上，母子两人确实存在问题。但先放下孩子的行为表现不说，我们作为旁观者来看看林奇的妈妈在整件事情中表现如何。

首先，妈妈怀疑儿子长时间和女同学打电话就是在谈恋爱，而"谈恋爱"是妈妈心里不能接受的。在这种疑心之下，妈妈的心里已经产生了怒气，随时都可能爆炸，情绪已经非常不稳定了。然后，在妈妈的反复催促下，林奇的"不为所动"，依然和女同学煲电话粥的行为，就是直接的导火索。紧接着，妈妈的情绪终于爆发了——冲进孩子的房间、抢过电话、迅速挂断！

大家想一想，如果你正在打电话，突然一个怒气冲冲的人过来抢走你的电话，而且不由分说就给挂断，当下你的心里作何反应？会乖乖顺从吗？

当然不会了！更何况当事人是一个六年级的男孩。

那么，导致母子之间矛盾爆发，造成这个无法收场的结果发生，原因在哪呢？家长与孩子之间出现这样决绝的场面，到底能不能避免？能！我们再来假设另外一个场景试试：

林奇妈妈看孩子和女同学没完没了打电话而不来吃饭，妈妈因为怀疑孩子"早恋"，感到非常生气。但她知道，用生气的方法是解决不了问题的！而且，到目前为止，孩子所有打电话的行为到底说明了什么，还只是妈妈的猜疑而已。所以，妈妈首先告诉自己，先用"停"的方法，让自己的情绪暂时稳定下来。第二步，平静以后的妈妈，想了几个和孩子沟通的方法。最后，她选择一个最合适的方法与孩子沟通，比如写个字条告诉林奇"饭已做好，妈妈在等你吃饭"；或者给林奇递完字条告诉他"饭已做好"，然后自己先吃。如果林奇妈妈能运用这些方法，肯定不会和孩子产生那么大的冲突。良好的沟通很重要，是所有家庭教育的前提和基础，当然也是亲子之间私密教育的先决条件。

所以，当父母和孩子情绪激动、无法理智应对时，家长可以运用"情绪管理三步法"帮助自己管理情绪。

第一步：停——识别情绪，了解和接纳自己或他人当下的情绪；

第二步：想——梳理情绪产生的原因，提出解决方案；

第三步：行——用最合适的方法解决问题。

"停、想、行"，这个情绪管理三步法，是父母和孩子都需要掌握的情绪管理方法，可以有效减少沟通中的冲突。大多数的时候，孩子是认同父母提出的建议的，但是，孩子常常不认可父母与 Ta 们沟通时情绪失控的状态。父母经常不能做好情绪管理，就会造成孩子对父母的逆反心理，产生不配合的表现。所以，父母在和孩子沟通时，特别提醒自己，注意情绪管理。

做好情绪管理，是一项十分关键的技能。掌握得当，会让你的生活变得更加顺畅，做事情都是事半功倍呢！家长应该尽早和孩子共同学习和演练。亲子之间，就像镜子里和镜子外的自己一样，是相互映照的关系。如果父母连自己的情绪都管理不好，也同样无法要求孩子做到。在养育孩子的过程中，和孩子之间产生冲突是经常的事。如果想化解矛盾、打开亲子之间的沟通通道，学会情绪管理是家长的必修课。

★ 父母有没有掌握批评的艺术？

我们的家长应该是"最擅长"批评孩子的了。孩子不小心洒了水、孩子把衣服弄脏了、孩子做作业慢、孩子放空自己无所事事，这些孩子的行为都是"高危动作"，因为极易引发家长的一顿劈头盖脸的批评！据调查，"你怎么那么笨啊！"是家长最常挂在嘴边的口头禅。基本不用思考的时间，对着孩子冲口而出，快变成父母的本能了。甚至有的家长和长辈还用开玩笑的语气对孩子说"笨"！

其实，批评也是有语境的，有方法和技巧的。在批评孩子时，父母尽量做到态度和情绪不要过于激烈，否则会让孩子马上产生逆反心理。另外，父母可以严厉，但不要暴躁，更不能歇斯底里。有时候，父母批评孩子没有效果，是因为孩子认为，虽然父母说的是对的，但是非常不能接受批评的方式方法，而产生逆反心理。这会导致孩子即便认为父母说得有道理，也不愿意按照父母的要求做。

我们的建议是，父母可以对孩子的行为进行批评，这样孩子才能清楚地知道自己哪些地方没有做好。孩子心里清楚得很，父母的话是有道理的。但切记不要加上那些让孩子马上转过头去的话语，比如"这次考试考不好，你太笨了""你这样做太让人失望了、你太不认真了""你怎么总是和女同学打电话，你这样做太不像话了""你怎么那么烦人"等这些涉及对孩子的人格品质的恶劣评断。

中国人很谦虚，经常请别人"批评指正"。可是，在我们家长和孩子的交流中，更多的是只"批"不"指"，也不"正"！所以，我们建议家长学会弱化"批评"，加强"指正"。对孩子的不当行为，要及时指出，说话的时候也只是用语言把孩子错误的行为客观"描述出来"即可，然后给出家长的内心期待和建议。相信孩子一定愿意听，也一定愿意改。家长千万不要颐指气使，最好把高高在上的感觉改成蹲下来和孩子严肃地说。这样的话，孩子一定愿意敞开心扉对父母倾诉，亲子关系就会良性循环。

★ 父母有没有学会有效的表扬？

现在的家长确实比从前好太多，因为大家知道被表扬、被赞美是多么美好的体验！甚至觉得自己小时候是顶着"批评"长大的，造成内心不太自信，对于被别人肯定和赞扬依然存有深深的渴望。许多家长认为表扬能提升孩子的自信心，激发孩子的行动力，对孩子的成长是有益的。因此，如今的家长表扬起孩子来，也从不吝啬。甚至用"表扬"代替"批评"，为了"精心呵护"孩子那脆弱的自尊心，家长拒绝别人对自家宝贝的客观善意的批评。可是，大家有没有发现，整天"被忽悠"长大的孩子，也逐渐暴露出问题，比如心理承受能力差、焦虑等。

前面说批评有批评的艺术，那么，表扬也有表扬的规矩。究竟什么样的表扬对孩子有益呢？

首先，不要泛泛地表扬，比如"太棒了""太特别了""你太聪明了""太牛了"等这些空洞无意义的表扬词，而是要多指出孩子优秀行为的细节、肯定 Ta 的人格品质。

比如："宝贝，这次考试比上次有了很大的进步，妈妈看到你考试前认认真真地做了准备，时间上的管理也很合理，妈妈知道你努力了，妈妈真为你感到高兴。"

建议家长千万不要简单地只说一句"你真聪明"就了事。这句话的潜在含义是，如果成绩不好，那就是因为你不聪明。这无疑是对孩子的片面否定，会严重打击孩子的自信心。而且，"你真聪明"这样的表扬，会让孩子看不到自己的努力，也不知道考试成绩好的细节，对下一次考试取得更好的成绩没有一点借鉴作用。这样的表扬也可以理解为"敷衍"，或者等同于"忽悠"！

表扬一定是真诚的！除了要有肯定的言辞、适宜的表达，温柔的身体接触也会让孩子感受到父母的心意，哪怕只是一个拥抱或者轻轻地拍拍孩子的肩膀，因为身体语言会使表扬更加真实有效。

那些没有营养的、空洞无物的表扬词，就如同那些恶意的批评一样，时间久了，都会让孩子觉得腻歪，而且会让孩子产生"下次不和你说了，没劲"的想法，从而造成孩子与父母之间的关系越来越疏远，亲子沟通的心早晚是要关闭的。

如果高质量的、有效的表扬是发生在孩子成长中的特别时刻，并且伴有精心准备的礼物的话，相信我，你的孩子从此会对你无话不谈。

在日常的亲子教养中，以上这些，家长们做得如何呢？再仔细回忆一些生活中和孩子的对话，你给自己打几分？请记住，这个分数和孩子与你的心灵距离直接相关——分数越高，关系越亲密；分数低的话，就要积极修正了。否则，你已经踏上了一条距离孩子越来越远的路。

再次抬起头，看着你的孩子迎面走过来。请想好，这次你要怎么说？

无论发生什么事，
请"第一时间"告诉爸爸妈妈！

　　摇滚乐队"林肯公园"主唱查斯特·贝宁顿的自杀，令全世界震惊。可这位在舞台上自信潇洒又才华横溢的摇滚主唱从 7 岁开始就遭到一名成年男子的性侵。他说自己从来没有寻求过爸爸妈妈的帮助，"因为我害怕别人以为我在说谎"。由于他内心深深的恐惧，他一直忍受这样的性虐待直到 13 岁。虽然舞台上的他星光熠熠，在世界各地拥有无数歌迷粉丝，但有谁知道他始终被性虐待的阴影困扰，还曾经一度怀疑自己是怪胎。他曾坦言，生活对他太无情了，自杀才是解脱。

　　在现实生活中，还有很多受害者一直保持缄默，独自默默承受伤害。试想前面讲过的绘本《绝对不能保守的秘密》里的小男孩阿尔弗雷德，由于有了妈妈的分担和理解，虽然故事的结尾没有交代他的未来会怎样，但我们可以大胆猜想，阿尔弗雷德的内心一定不会那么艰难。让孩子记住，父母永远是 Ta 们的第一保护人！无论何时何地，无论发生什么，要第一时间告诉爸爸妈妈，爸爸妈妈会感到特别欣慰的。

★ 父母永远是孩子的第一保护人

首先，父母在日常生活中要养成经常和孩子交流的习惯。比如，从幼儿园接孩子回家的路上，可以和孩子聊聊一天的情况；父母也可以和孩子说说今天工作的事情，哪怕是让自己不开心的事，也可以和孩子分享。养成亲子沟通的习惯，后面的一切自然水到渠成。

然后，要经常启发孩子说说自己的事情。告诉 Ta 们，无论遇到什么事，开心的或者不开心的，都可以和父母说说。最后再告诉 Ta 们，如果遇到伤害或者心里不舒服的时候，更要第一时间告诉爸爸妈妈。爸爸妈妈最爱宝贝，一定会提供帮助的。

还有的时候，孩子在外面受伤害不敢告诉父母，是因为坏人会借用父母的名义要挟孩子。比如，Ta 们恐吓孩子："记住，不许告诉你妈妈，否则你妈妈会打你的。"或者是"不许告诉你的爸爸妈妈，否则，我会去你们家找 Ta 们"。

孩子们在恐惧中常常会信以为真，Ta 们害怕坏人伤害自己的爸爸妈妈，也害怕爸爸妈妈责怪、批评自己。

日常生活中，很多家长只是一味地给孩子灌输"要听大人的话""要听老师的话""要听医生的话"。家长有没有试想过，这种在"听话"模式下长大的孩子如果遇到了坏人，会怎么样？会不会因为惊恐和无从分辨是非，而盲听盲从了坏人的话呢？

因为孩子被坏人诱骗而遭到侵害的案例多不胜数，所以"听话"这两个字还是少说为妙。和孩子说话时，一定不要太笼统，不要太空洞，最好把话说清楚。

下面这些话，父母要经常对孩子说：

"爸爸妈妈是最爱你的人，如果遇到什么委屈或者伤害，不管对方是谁，一定要第一时间告诉爸爸妈妈。就算对方说会伤害爸爸妈妈，你也不要怕。爸爸妈妈会保护你的。"

★ 尝试角色扮演法

生活中，爸爸妈妈可以用角色扮演法，模拟在特定的情境中，孩子遇到困难时该怎么办。通过模仿，家长会发现一个现象：当你对宝贝说出危险情境时，宝贝已经显得有点慌张了。当你问 Ta 们要怎么办时，Ta 们要么说"我会打 Ta"，要么说"我就跑呗"。你会在孩子的回答中产生一种急迫感和无力感，这种感觉就是因为你终于发现了，孩子们真的不知道该怎么办！没遇到过啊！

而且当你把具体的做法教给 Ta 们的时候，Ta 们会表现出不屑一顾。最终，当你问孩子："当你脱离了那种危险，见到爸爸妈妈后，你该怎么办呢？"你又会发现，孩子这时候已经完全放松不在状态了，已经忘记了要把这件事告诉爸爸妈妈。

所以，不演习永远不知道对手有多强大！爸爸妈妈一定要带着宝贝勤加练习。

比如，爸爸妈妈可以扮演坏人，威胁孩子：

"你不听我的，我就去给你妈妈打针！"

"你不乖，我就去揍你爸爸！"

接下来教孩子遇到类似事情的处理方法。家长要告诉孩子：

"如果有人说这样的话，就代表危险开始。要尽快冷静下来，想出合适的办法离开，并快速找到父母，或者可信赖的人寻求帮助。"

也许有的爸爸妈妈说，我不会演戏，会笑场怎么办？首先，放轻松，爸爸妈妈们不需要演得太逼真，更多的是给孩子展示场景，让孩子熟悉类似的情节。再次，如果实在演不出来，可以借助图片、画面进行模拟。

有的家长为了图省事，会给孩子放类似"警示教育片"，这个万万使不得！可怕的场景、夸张的配乐，再加上声光电的强刺激会严重伤害孩子幼小的心灵。家长在给孩子看片之前，一定先给把把关，否则适得其反就不好了。

为了孩子的平安健康，还请家长放下身段，和孩子来一场说演就演的戏吧。再重申一遍，演戏结束，记得提醒孩子，要把整件事情第一时间告诉爸爸妈妈！

★ 建立牢固的亲子信任

通常，性侵害者会让孩子产生错觉，让孩子觉得"是因为我自己很坏才会有这样的遭遇"，这时，孩子反而更不敢告诉父母，因为孩子会担心因为自己做错事而被父母责骂甚至惩罚。如果孩子得不到家长的信任与帮助，只能默默承受，无力反抗直至最后崩溃。

让孩子在受到伤害时能第一时间告诉父母，需要建立在亲子间无障碍沟通的基础上。当孩子告诉父母自己受到伤害时，父母要无条件地相信孩子。而且在平常生活中，父母就要养成当一个好听众的习惯。孩子说什么，我们就信什么，做到无条件地信任，并且坚定不移。信任是沟通的基础，需要在长时间的生活中培养而成。

很多时候，孩子说出自己遭遇熟人性侵，有些家长会出于道德层面的束缚，表现出不愿相信的样子，甚至选择逃避，对孩子说："没有的事，你这小孩怎么怪想法那么多！"这种回应方式，会让孩子再次遭受伤害。而且这种不信任是来自父母，来自于孩子最亲近的人，可想而知，这种伤害带给孩子的心理阴影多深刻。

正确的做法应该是，家长先选择无条件地相信孩子，给孩子这样的回应：

"这不是你的过错。我们相信你的话，谢谢你相信我们并告诉我们这些。"

如果孩子是在一群人面前说起自己受到的伤害，家长要温柔地打断孩子，把 Ta 单独带到安全的地方，以避免因其他人的不恰当反应而导致对孩子的二次伤害。

如果家长没有把握能够冷静地引导孩子把受到伤害的具体时间、地点、经过等信息描述清楚，那么，就要积极地向专业的儿童教育专家咨询，及时给孩子以专业的心理支持。

孩子在遭受侵害时，往往会很害怕，怕自己做了不好的事情，会遭到父母的责备。父母要经常告诉孩子，有困难，一定要告诉爸爸妈妈，爸爸妈妈会帮助孩子，给孩子安全感。不要让孩子独自受苦，一直闷在心里。当 Ta 们说出真相的时候，请收起家长的惊讶和所谓的"自尊"，唯有信任和倾听，才是减轻伤害的最有效的方法。

孩子的异常反应，
千万别放过！

　　小 A 妈妈接到班主任电话，老师反映小 A 最近在学校上课心不在焉，经常发呆。下课就和同班的 L 同学躲在楼道里窃窃私语，有好几次耽误了上课。小 A 成绩也在直线下降。妈妈很着急，想和小 A 聊聊，小 A 低着头，什么都不说。

　　有一次，妈妈趁小 A 和 L 打电话时，断断续续地听见孩子们的对话。原来，小 A 去 L 同学家玩，L 用平板电脑和小 A 看色情视频和玩色情游戏。从此，小 A 脑袋里总是浮现那些露骨的照片与画面，学习时很难静下心来。小 A 非常烦恼，却不敢告诉爸爸妈妈，苦不堪言。后来，妈妈和小 A 心平气和地沟通了一次，妈妈告诉小 A："妈妈理解你，遇到这样的事情，你不知道如何处理，爸爸妈妈愿意帮助你。"妈妈搂住小 A，小 A 积攒了多日的情绪终于爆发出来，伤心地哭了。他告诉妈妈，最近总是睡不好，还耽误学习，他很难过。

　　后来，爸爸妈妈和小 A 一起想出了几个解决方法。比如，爸爸妈妈用绘本和故事的形式，把正确的私密教育告诉孩子。小 A 从此对私密问题不再那么好奇了。另外，L 同学再邀请他去家里玩，小

A 主动拒绝。慢慢地，小 A 睡眠变好了，学习状态也开始慢慢回升。

　　小 A 的老师和爸爸妈妈做得非常好，及时发现问题并积极解决问题。其实，孩子无论开心不开心，Ta 们都会无意中表现出来。所以，在平时生活中，家长要重视孩子出现的异常状态，以此判断孩子是否正在或者已经遭受不愉快的事情。下面就是孩子释放的不良信号，家长们能及时解读吗？

　　1. 孩子突然对学习和生活失去兴趣和积极性

　　如果孩子的身体和心理曾经受过不安全的威胁，没有得到情绪恢复，就会对学习或者娱乐等事情失去兴趣，而且会经常感到闷闷不乐，情绪低落。当孩子情绪低落时，父母不能视而不见，要学会及时关心孩子，让孩子知道父母爱 Ta 们，关注 Ta 们，更会帮助 Ta 们。这样，孩子也愿意和父母分享。

　　2. 孩子的性格突然发生变化

　　比如，孩子原来安静内向，突然变得暴躁易怒；原来活泼好动，突然变得沉默寡言，甚至把自己锁在房间里。父母发现孩子的情绪波动大，难以控制时，首先要想办法了解孩子心情不好背后的原因，和孩子好好聊聊或者通过其他的方式，掌握好尺度，不要让孩子觉得父母像在窥探 Ta。其次，要教会孩子在心情不好时的一些调节方法，帮助孩子渡过难关。

　　3. 孩子变得心事重重

　　孩子作为弱势群体，当 Ta 遇到困难或者遭遇侵害后，一定有倾诉的欲望。父母要多一些耐心，和善而坚定地给孩子传递出"有

宝贝，妈妈发现最近你好像有什么心事，
可以告诉我吗？
我们可以分享你的开心，
也愿意分担你的不快乐。

困难就告诉爸爸妈妈，爸爸妈妈一定会帮助你的"这样的信号，让孩子有勇气表达出来。这时候孩子的心情很沮丧，内心是非常无助的，需要家长出手相助。

4. 孩子经常出现害怕恐惧的状态

不幸发生后，孩子是有记忆的。那份无助，那份恐惧，会让 Ta 时刻觉得不安全。如果孩子表现出异常惊恐，或者眼神游离，父母一定要格外注意和警惕。如果父母不注意这些细节，可能会错失挽救的最佳时机。

5. 噩梦突然增多

如果孩子睡梦中经常出现"胡言乱语"、做噩梦现象，父母也要予以重视，及时了解孩子背后遇到的问题。

父母一旦发现孩子出现以上种种异常表现，一定要充分重视，及时解读，尽快帮孩子解除困扰。

首先，父母要关心孩子，多与孩子沟通。

比如，可以主动问孩子：

"孩子，今天你在幼儿园（或者学校）发生了什么特别的事情？可以告诉爸爸妈妈吗？别害怕，爸爸妈妈非常爱你，我们会帮助你的。"

或者对稍微大一点的孩子说：

"我理解你，最近你的心情不太好，可能是遇到了一些不太开心的事情。说说看，我是否能帮你分担一下？"

父母这样说，孩子会觉得父母关心自己，理解自己，愿意敞开心扉。

其次，当孩子描述一些"奇特"的事情时，父母不要打断孩子。

孩子的想象力确实很丰富，但是，当孩子描述一些比较"奇特"的事情时，父母不要不耐烦地急着打断 Ta 们。比如"别瞎说""别胡说八道""小孩子怎么能说这些"等类似话语。千万不要阻止孩子对父母的倾诉，一定要多鼓励孩子表达自己的喜怒哀乐，耐心听孩子讲一些 Ta 认为"奇特"的事情，也许从中会发现事情背后的关键信息。

最后，父母要告诉孩子遇到事情的处理方法。

在平时生活中，父母可以多和孩子谈论遇到困难的处理方法，让孩子提前熟悉解决问题的方法和思路。如果发现孩子有异常表现，孩子不肯说的话，父母可以通过玩游戏的方式与孩子进行情景再现。比如，家长扮演小朋友，让孩子扮演那个"坏人"，模仿"坏人"是怎么对待孩子的。家长不要强迫，不要急躁，慢慢引导孩子，尽量再现出 Ta 经历的场面，家长要细心观察。父母如果发现问题要及时处理和解决，但最好不要在孩子面前表现出紧张和急迫，避免孩子再次遭受更多的伤害。

第七部分

家庭私密教育成果
自测表

0—3 岁家长测试表

序号	项目	得分	备注
1	孩子吃手、吐泡泡、舔东西时家长不强行制止孩子的行为，而是采取正向引导的方法，转移孩子注意力，或满足孩子的口欲需求。		
2	孩子憋大便，或憋尿时，家长不批评，而是用温和而坚定的态度，引导孩子慢慢度过肛欲期，允许孩子有这个特殊时期。		
3	孩子知道自己的性别，是男孩还是女孩。		
4	孩子知道男孩和女孩的基本区别是什么。		
5	孩子能认识身体的各个部位，并且知道每个部位的功能。		
6	当孩子问"我是从哪里来的？"这个问题时，父母能够自然、大方地回答。		
7	家长不给孩子穿开裆裤。		
8	家长带孩子外出时，孩子不随地大小便，知道找厕所。		
9	当孩子摆弄生殖器时，妈妈不要批评和指责孩子，而是温柔陪伴、正向引导孩子度过这个特殊时期。		
10	孩子知道保护自己的私密部位，不能给别人看，除了爸爸妈妈。		
合计得分：			

评分准则：

每项得分满分为 10 分，总分为 100 分，家长根据实际情况打分。

1. 如果得分在 10—30 分，为不合格，家长需要立即系统学习儿童私密教育知识。

2. 如果得分在 40—60 分，为合格，家长需要学习提升儿童私密教育相关知识点。

3. 如果得分在 70—90 分，为良好，家长需要学习提升失分的相关内容。

4. 如果得分在 90 分以上，为优秀，家长需继续保持、精进良好的方法。

3—6岁家长测试表

序号	项目	得分	备注
1	不随便和陌生人说话。		
2	不吃陌生人给的食物和饮料。		
3	孩子上厕所知道关门。		
4	当孩子摆弄生殖器时，妈妈不要批评和指责孩子，而是温柔陪伴、正向引导孩子度过这个特殊时期。		
5	女儿要看爸爸洗澡，儿子要看妈妈洗澡时，父母能正向引导，并能让孩子满足好奇心。		
6	当孩子问"我是从哪里来的？""我是怎么进入妈妈肚子里的？"等问题时，父母能够自然、大方地回答。		
7	不给别人摸内衣裤遮盖的地方，也懂得拒绝不适当的身体接触。如果有人摸，要大声呼喊求救。		
8	引导孩子不玩也不看对方"小鸡鸡"，不玩"脱裤子"的游戏。		
9	当孩子有夹腿、夹枕头、夹被子等情况满足自己性需求时，家长不批评孩子，而是正确引导孩子、温柔陪伴孩子度过特殊时期。		
10	男孩不跟妈妈去女浴室洗澡，女孩不跟爸爸去男浴室洗澡。		
合计得分：			

评分准则：

每项得分满分为 10 分，总分为 100 分，家长根据实际情况打分。

1. 如果得分在 10—30 分，为不合格，家长需要立即系统学习儿童私密教育知识。

2. 如果得分在 40—60 分，为合格，家长需要学习提升儿童私密教育相关知识点。

3. 如果得分在 70—90 分，为良好，家长需要学习提升失分的相关内容。

4. 如果得分在 90 分以上，为优秀，家长需继续保持、精进良好的方法。

6—10 岁家长测试表

序号	项目	得分	
1	男孩知道上男厕所，女孩知道上女厕所，并且入厕时把厕所门关严。		
2	孩子在学校不和异性同学玩有关性的游戏。		
3	孩子不和陌生的异性大人单独在一起，并且知道走到人多的地方。		
4	孩子知道在游泳馆换衣服时，到更衣室换。女孩不会因为还没发育就不穿游泳衣的上衣。		
5	孩子和爸爸妈妈分床睡，并能单独一个房间。		
6	当孩子问"我是怎么进入妈妈肚子里的？"等问题时，父母能够自然、大方地回答，直到孩子满意。		
7	妈妈提前给女孩讲关于初潮的那些事。		
8	爸爸提前给男孩讲关于喉结、遗精的那些事。		
9	父母做爱时不要被孩子看到。		
10	孩子知道保护自己的私密部位，不能给别人看。如果生病需要看医生，必须由爸爸妈妈陪着。		
合计得分：			

评分准则：

每项得分满分为 10 分，总分为 100 分，家长根据实际情况打分。

1. 如果得分在 10—30 分，为不合格，家长需要立即系统学习儿童私密教育知识。

2. 如果得分在 40—60 分，为合格，家长需要学习提升儿童私密教育相关知识点。

3. 如果得分在 70—90 分，为良好，家长需要学习提升失分的相关内容。

4. 如果得分在 90 分以上，为优秀，家长需继续保持、精进良好的方法。

  刚刚过去的 2017 年，是一个让众多家庭和千千万万家长提心吊胆的一年。无论是章莹颖的失踪，还是台湾年轻作家林奕含的自杀；无论是频繁被爆出的幼儿园虐童事件，还是大连女童被邻居垃圾男残忍杀害的案件，这一连串的悬案、命案就发生在身边，让身为家长的我们在扼腕叹息之余真的是心怀忐忑！儿童私密教育，和保护孩子身心安全健康到底有什么关系？相信看完本书的家长朋友们已经了然于心。是否，此刻也萌生和孩子来一次"尬聊"的冲动呢？心动不如行动，就让我们细心捕捉孩子释放的每个成长信号，学会主动出击，和孩子聊聊那些贴心贴肺的私密教育"悄悄话"吧！

  如果在和孩子"尬聊"的时候，您还有什么疑惑，可以随时和我们联络。我们也建议家长朋友们运用"任务卡"，记录下和孩子交流的点点滴滴，并与我们分享。哪怕只是您第一次开口时内心泛起的小涟漪呢！当然，我们可以保证，只要您肯主动说，一定会感受到从未有过的亲子之间心与心的距离在靠近。而且，极有可能迎来宝贝的一个大大的拥抱呢！

图书在版编目（CIP）数据

　　嘘！告诉你一个秘密：父母和孩子的私密教育悄悄
话 / 智爱宝妈著 . —沈阳：辽宁人民出版社，2018.1
　　ISBN 978-7-205-09241-2

　　Ⅰ . ①嘘… Ⅱ . ①智… Ⅲ . ①安全教育—儿童教育—家庭教育
Ⅳ . ① G78

　　中国版本图书馆 CIP 数据核字（2018）第 004889 号

出版发行：辽宁人民出版社
　　　　　地址：沈阳市和平区十一纬路 25 号　邮编：110003
　　　　　电话：024-23284321（邮　购）　024-23284324（发行部）
　　　　　传真：024-23284191（发行部）　024-23284304（办公室）
　　　　　http://www.lnpph.com.cn
印　　刷：沈阳博雅润来印刷有限公司
幅面尺寸：145mm×210mm
印　　张：7
字　　数：165 千字
出版时间：2018 年 1 月第 1 版
印刷时间：2018 年 1 月第 1 次印刷
责任编辑：高　丹
装帧设计：丁末末
责任校对：刘再升
书　　号：ISBN 978-7-205-09241-2

定　　价：39.80 元